Elazar Benyoëtz

Scheinhellig

Variationen über ein verlorenes Thema

Elazar Benyoëtz

Scheinhellig

Variationen über ein verlorenes Thema

braumüller
literaturverlag

Bibliografische Information Der Deutschen Bibliothek: Die Deutsche Bibliothek verzeichnet diese Publikation in der Deutschen Nationalbibliografie; detaillierte bibliografische Daten sind im Internet über http://dnb.ddb.de abrufbar.

1. Auflage 2009

in der Braumüller GmbH, Servitengasse 5, A-1090 Wien
http://www.braumueller.at

Cover und Layout: Michael Saathen
Coverbild: Metavel
Lektorat: Ulli Steinwender
Druck: Ferdinand Berger & Söhne Gesellschaft m.b.H., A-3580 Horn
ISBN 978-3-99200-004-3

»Der Glaube ist untergegangen
und ausgerottet von ihrem Munde.«
Jeremia

»Hat wohl der Zaum noch Reiz,
wenn man das edle Ross verschenkt hat?«
Indische Sagen übersetzt von Adolf Holtzmann

»Wir haben Gott so wenig begriffen, wie alle anderen Zeiten vorher, *aber wir sind mit ihm zusammengestoßen:* und dies genau in dem Augenblick, wo wir ihm am fernsten zu stehen glaubten, in der dichtesten, diesseitigsten Welt, die durch den großartigen zivilisatorischen Apparat endlich vollkommen gegen das Draußen und Drüben abgedeckt schien. Als Blitz schlug die nie aufzuhebende ›Beziehung‹ durch und brachte das Isoliermaterial zum Schmelzen.«
Wilhelm Michel

»Alles was geschieht – das wird immer deutlicher und deutlicher – ist ein Ringen um die neue Religiosität und dies ist wahrscheinlich auch das einzige, was den Menschen jetzt wahrhaft interessiert, mag es auch danach aussehen, als wäre die Weltwirtschaft das einzige Interessante.«
Hermann Broch

Was muss noch alles geschehen,
damit alles, was geschieht,
geschehe?

Prozdor – Vorhalle

»Wir wollen die Wahrheit,
die Sprache will die Dichtung.
Gott will etwas anderes.«
Sahadutha

»Wovon ist hier die Rede,
wenn dort nur Schweigen gilt.«
Lazarus Trost

»Ich wünschte, wir könnten eine Zeitschrift gründen,
für die man nicht zu schreiben brauchte.«
Paul Valéry an Valery Larbaud

Was soll Gott mit den Büchern tun,
die über ihn geschrieben werden:
Soll er sie lesen?
Kann man von Ihm sagen,
er habe Besseres zu tun?

Ich will vom Glauben sprechen,
habe ich ihn?
Von Gott reden,
bin ich dazu befugt?
Warum soll ich vom Glauben sprechen,
und was hat Gott davon,
wenn ich gesprochen habe?

Im Jahre 1962 begann in Tel Aviv die Zeitschrift ›Prozdor‹ [Vorhalle] zu erscheinen. Sie machte nicht den erhofft großen Eindruck, nichtsdestoweniger stellte sie etwas noch nicht Dagewesenes dar: sie war Gott gewidmet. So etwas hat es im Volke Israel noch nicht gegeben. Wohl gab es einen Wald von Zeitschriften, welche die Tora abhandelten, die Propheten auslegten, Maimonides kommentierten, über die Pflichten des Menschen vor Gott predigten, Gott mitunter anriefen, gelegentlich alarmierten. Verlangt war vor allem das Breittreten, bevorzugt das Kleinhacken, bewundert das Haarspalten. Das machte Freude.

Eine Zeitschrift um Gott herum, den Glauben anstachelnd, seinen Wortbestand erschütternd, das hatte man nicht gewollt und das hatte es nicht gegeben; das war neu.

Als Herausgeber zeichneten Schmuel Hugo Bergman, Dov Sadan, Yizchak Zimmermann. Eröffnet wurde das erste Heft mit einem Text von Martin Buber »Der Glaube«, weitere Mitarbeiter waren Alfred N. Whitehead, Kierkegaard, sogar Christian Fürchtegott Gellert mit einem Gedicht, um dessen Übersetzung ich gebeten wurde. Erstaunlich, doch nicht von ungefähr.

Zimmermann war der schäumende Mund; es brannte in ihm und in seiner Rede; er war der eigentliche Gründer, er schaffte auch die Mittel herbei, das pochende Herz war aber ein anderer, nicht genannter, von dem jede Nummer einen Beitrag brachte, pseudonym: Ploni Almoni, was heißt: »der und der«, oder P. Almoni, P., der Unbekannte.

Das war er tatsächlich, der Schreiber in dem hebräischen Zeitschriftenmilieu; für sein Pseudonym hatte er aber einen besseren Grund, den besten: die Scheu davor, öffentlich von Gott zu sprechen, mit dem Anspruch also aufzutreten, ein bündiger Zeuge Gottes zu sein. Die Glaubwürdigkeit der Aussage setzt voraus, dass der Zeuge sich als würdig erweise. Wir kennen vom Glauben ja nur den letzten Rest, die Glaubwürdigkeit eben, wer aber, und wäre er noch so rechtschaffen, ist glaubwürdig genug?

Öffentlich und druckgeschwärzt von Gott zu sprechen, den Glauben zu fordern, die Worte auf ihre Buchstäblichkeit zurückzuführen oder wenigstens zu verweisen, das eben getraute sich P. Almoni, der Namenlose nicht ohne Weiteres. Der von dieser Scheu Durchdrungene, war ein viel gewitzter, geistreicher Mann, der durch seine Freundschaft mit Ludwig Wittgenstein bekannte Architekt Paul Engelmann.

Das Haus in der Kundmanngasse trägt beider Namen. Aus seinem Nachlass erschien sein kleines Buch über Wittgenstein, und wer dieses liest, erkennt auch darin die Scheu im Trefflichen und das nicht zu Erschütternde dieser Haltung, die keine Demut ist. Er war mein Freund in seinen alten, meinen jungen Jahren, und seine Haltung machte auf mich Eindruck. In seinem Geist, nur leider nicht anonym, versuche ich nun, die großen Worte, die so locker sitzen, in den Mund zu nehmen

Widmungsblatt

Dem Andenken an Margarete Susman

»Im Grunde ist es Missdeutung derselben Metapher, die bald Gott zu bildlich in die Welt, bald die Welt zu bildlich in Gott versetzt. Aufrichtige Liebe zur Wahrheit führet gar bald auf den Punkt zurück, von welchem man ausgegangen ist, und zeiget, dass man sich bloß in Worten verwickelt habe. Tut auf Worte Verzicht.«
Moses Mendelssohn

Dem Andenken an Erwin Loewenson

»Nehmt der Sprache zwei Wörter, die wir beide nicht begreifen, und auch dem Menschen die Erinnerung daran, – Gott und Natur –, so stürzt alles zusammen, was wir begreifen; unser Wachen selbst wird zum Träumen.«
Friedrich Maximilian Klinger

Dem Andenken an Paul Engelmann

»Ich möchte sagen ›dieses Buch sei zur Ehre Gottes geschrieben‹, aber das wäre heute eine Schurkerei, d.h. es würde nicht richtig verstanden werden. Es heißt, es ist in gutem Willen geschrieben und soweit es nicht mit gutem Willen, also aus Eitelkeit, geschrieben, soweit möchte der Verfasser es verurteilt wissen.«
Ludwig Wittgenstein

Hierbinich

»Was Einer weiß,
ist immer das Beste.«
Die Edda

»Einer war Abraham ...«
Ezechiel 33,24

Kein Riese, der am Anfang steht mit der Kraft eines Weltenlastträgers, auch kein Utnapischtim, der sich göttlich überleben darf – ein alter Mann, der nichts im Sinne hatte als Beginnen, absehend von allem Anfang beginnen und nur aufgrund noch nicht dagewesener Red- und Gegenredlichkeit.
Ein alter Mann, der nichts begehrte, der nichts verlangte, dem nichts vorzumachen war, dessen Eintreten in die Geschichte seine eigene vergessen machte.
Wahrlich, er hat sein Alter verdient: es war der Lohn aller Tage und eines jeden Augenblicks; er bedachte es mit Würde und schweigsamem Schweigen. Ein Fels, fest genug, Gott und seine Welt zu stützen

Das Judentum beginnt bei Abraham und bereits mit ihm erreicht es sein hohes Alter

Aufbrechen, sich zu Gott aufmachen

Die Zeit nach Schöpfung und Sintflut war weltreif geworden, reif auch fürs Recht und nicht für das beschlossene allein.
Die Gerechtigkeit lehnte sich gegen den Richter auf. Der Richter suchte seinen Ankläger und fand ihn. Er ließ ihn ins Unbekannte aufbrechen. In diesem Aufbrechen Abrahams wurde die Schöpfung zur Welt, die keine Bestimmung als die zu bestimmende kennt; mit Grund und Abgrund, mit dem Sinn nach Gerechtigkeit, dem Blick auf Sodom

Er machte nur einen Schritt,
allein, er ist aufgebrochen,
aus der Fremde,
aus der Sprache,
aus Ur;
nur eines mehr mündlich
denn sprachlich gehegten
Wortes
mächtig –
hinneni

So ist's, und so steht's in der Bibel

»Die Philosophie ist gut, und die Leute haben Unrecht, die ihr so gar Hohn sprechen; aber Offenbarung verhält sich nicht zu Philosophie wie viel und wenig, sondern wie Himmel und Erde, Oben und Unten!
Wenn dem Abraham befohlen ward, aus seinem Vaterlande und von seiner Freundschaft und aus seines Vaters Hause auszugehen in ein Land, das ihm erst gezeigt werden sollte; meinst Du nicht, dass sich sein natürlich Gefühl dagegen gesträubt habe, und dass die Vernunft allerhand gegründete Bedenklichkeiten und stattliche Zweifel dagegen hätte vorzubringen gehabt. Abraham aber glaubte aufs Wort, und zog aus.
Und es ist und ward kein anderer Weg; denn aus Haran konnte er das gelobte Land nicht sehen, und Niebuhr's Reisebeschreibung war damals noch nicht heraus. Hätte sich Abraham mit seiner Vernunft in Wortwechsel abgegeben, so wäre er sicherlich in seinem Vaterlande und bei seiner Freundschaft geblieben, und hätte sich's wohl sein lassen. Das gelobte Land hätte nichts dabei verloren, aber er wäre nicht hineingekommen. Seht, Vetter, so ist's, und so steht's in der Bibel.«

Geschichte nimmt ihren Anfang in der Erinnerung. Wer gedenken will und sich erinnern kann, der braucht aus der Geschichte nicht zu lernen.
Auch der Glaube müsste keine Berge versetzen, wüsste er mit den bereits versetzten etwas anzufangen

Gottes einziger Freund

»Abraham, den Herrn der Sterne
Hat er sich zum Ahn erlesen.«
Goethe, West-östlicher Divan

In einer Welt, bestehend aus lauter Himmelskörpern, brach Abraham auf und wandte sich vom Himmel ab. Und Gott ging auf ihn zu, verlieh ihm seinen Ausdruck und segnete ihn mit einer nicht auszutreibenden Diesseitigkeit.
»Sieh zum Himmel und zähle die Sterne«, sagte Er zu ihm. Von einem so geistreichen Einfall war Abraham schon weit entfernt. Bereits mit seinem Aufbruch räumte er seinem Herrn den Himmel in seiner ganzen Sicht- und Rufweite ein.
Und Gott sprach: »Nimm Isaak, deinen einzigen Sohn, den du lieb hast, und gehe hin in das Land Morija und opfere ihn daselbst zum Brandopfer auf einem Berge, den ich dir weisen werde.«
Mit diesem Auftrag – die Berge zu entgipfeln –, mit seinen beiden Dienern und seinem einzigen Sohn ging Abraham in das Land Morija.

»Zu den Bergen hebe ich meine Augen:
Woher wird meine Hilfe kommen?«

So tönt Abrahams Selbstgespräch auf jenem Weg zu uns herüber. Doch während er mit seinem alten, ungebrochenen Blick die Berge nacheinander prüft, fasst er mit eben diesem Blick eine erste, aus Stein gehauene Unverbrüchlichkeit:

»Meine Hilfe ist von Ihm her,
Der Himmel und Erde gemacht hat.«

Am dritten Tag riss er seinen Blick von den Bergen weg, hob seine Augen und sah den Ort von ferne. Aus den Augen des Himmelabgewandten schwanden nun auch die Berge. Das in den Himmel Ragende wich dem »Hierbinich«.

Abraham löste sein einziges Wort ein und durfte seinen einzigen Sohn freibinden. Alles war nun eben, Erde wie Himmel; weit und breit gab es nichts als Gott und seine Welt.

Und Abraham kehrte unverzagt und ohne Verzückung in diese Welt zurück, für die er einstand, in die Stadt, nach Beër-Schewa kehrte er mit seinen Dienern zurück. Da waren Gott und die Welt, die Brunnen, das lebendige Wasser und der lebendige Streit um die Quellen dieses Wassers

Gottes Wege

Um Gott zu suchen, muss man den Weg zu ihm schon gefunden haben

Gottes Wege sind unerforschlich, nicht aber der Weg zu ihm

Dass Sein Wille geschehe, ist mein Wunsch, nicht mein Wille

»Das Leben sollte nicht vernünftige Selbstbehauptung, sondern Gottesdienst, nicht Anpassung an die Raumnatur, sondern Anpassung an den göttlichen Willen in der Zeit sein. Lebendig ist Gott nur als der Fordernde und nicht als die Verkörperung der Naturkraft. Es galt nicht mehr das Leben um des Lebens willen, sondern um Gottes willen zu leben. So überwand Palästina das dämonische Weltbild. Das Göttliche wurde nicht zum Logos, sondern zum Ethos. Die Vielfältigkeit des Numinösen fasste sich in einem Willen zusammen.«

Gottes Ferne ist es, die den Menschen so nahe geht

Der gefundene Gott ist der verlorene, nicht der gesuchte

Im Glauben erfährt der Mensch die Nähe und die Ferne Gottes – seine Trennung von ihm

Der Weg zu Gott ist weder nah noch fern,
weder leicht noch schwer,
er ist ohne Umschweife

Credo: Gottes Entfernung lindert die Qual seiner Gegenwart

Ahnen – herbeifühlen

Ahnung trügt nicht, sie täuscht aber etwas vom Ursprung des Denkbaren vor

Gottes Wille ist verborgen, des Schöpfers Absicht offenbar

Was Gott betrifft, das lässt sich nur von uns aus sagen, nur ohne uns denken. Dieses »Ohne uns«, bei Leib und Seele, war Abrahams Vermögen; doch sein Vermächtnis, aus Fleisch und Blut, war stärker. Unsere Gedanken bleiben auch in Ton und Papier gut aufbewahrt, die Gedanken Gottes aber nur in Fleisch und Blut. Es steht geschrieben, Gott aber »steht in der Gemeinde Gottes«. (Psalm 82,1)

»Wir können die Verbindung zwischen Gott, Welt und Mensch im Denken nicht stiften; aber wir brauchen sie auch gar nicht denkend zu stiften; denn sie ist da.«

Wir sind entschieden oder entscheidend, haben die Wahl aber nicht

Mut zum Glauben ist eine Bedingung für wahrhaftiges Denken. »Denn vor dem Gedanken, dass es keinen Gott gibt, zittert niemand, wohl aber davor, dass ein Gott existiert.«

Es ist Aufgabe gerade des Glaubens, denkbar zu machen

Credo: Ursprung ist kein Ausgangspunkt

Was sich ereignet,
findet nicht statt

»Jegliche Zierde gebricht
und jedes deutende Zeichen«

Interpretation – die Verunsicherung
des Geschriebenen

Ein Wort gibt das andere,
so gibt es kein Zurück

Die erste Ursache ist ohne Grund

Ein Wort gibt das andere.
Das ist die große Gabe

Die Sprache ist tiefer als ihr Sinn

Credo: Sinnvoll ist, was wir bedeutend machen

Es steht geschrieben und also fest, wenn man des Glaubens ist

Dem ersten Wort lag ein Satz zugrunde, ein ganzer Schöpfungsplan

Wo es nichts Festes gibt, sind Feststellungen vonnöten

»Der Positivismus meint, das, worüber man sprechen kann, sei das allein Wichtige im Leben, während Wittgenstein davon durchdrungen ist, dass es für das Leben des Menschen allein auf das ankommt, worüber man, nach seiner Meinung, schweigen muss. Wenn er trotzdem seine ungeheure Mühe darauf richtet, dieses Unwichtige zu umgrenzen, so ist es ihm dabei nicht darum zu tun, die Küstenlinie dieser Insel, sondern diese Grenze des Ozeans so peinlich genau festzustellen. Seine »mystischen Folgerungen« aber sind: ›Der Sinn der Welt muss außerhalb ihrer liegen.‹ (6.41). Er zweifelt nicht daran, dass sie einen Sinn hat – ein Zweifel, der der Inbegriff der modernen Verlorenheit ist.
›Wie die Welt ist, ist für das Höhere vollkommen gleichgültig. Gott offenbart sich nicht *in* der Welt.‹ (6.432) – Aber er offenbart sich *an* der Welt, dadurch, *dass* die Welt da ist.«

Das Denken stellt das Gedachte, der Glaube das Geglaubte in Frage

Im Gedachten ist alles begründet, was im Nachdenken nur gerechtfertigt werden kann

Credo: Widerlegungen schaffen das Unumstößliche

Deine Augen, meine Gesichtspunkte

Ließen sich Offenbarungen im Auge behalten, es gäbe keine Erscheinungen mehr

Gott – die Verborgenheit des offenkundigen Schöpfers.
Man kann nur Gott allein dienen

Für das Denken ist der Gegenstand entscheidend, für den Glauben die Richtung

Gott zeigt sich weder noch drückt er sich aus, wenn er sich offenbart

»Man kann die Existenz Gottes mit tausend guten und schlechten Gründen leugnen, aber es ist zuzugeben, dass er seit Jahrtausenden in unzählige Handlungen der Menschheit als dominierendes Motiv eingeflochten ist. Hier existiert er, in den Gedanken, in den Motiven. Das ist der einzige Existenzbeweis, der keiner Widerlegung ausgesetzt ist.«

Dass Widersprüche aufgehoben werden müssten, ist keine Einsicht des Glaubens

Gott ist in seiner Schöpfung und in den Heiligen Schriften der Völker, das Beten aber ist im Herzen aller Kreatur, ist ein Herzbeben der Sprache selbst. Der schönste Beweis für die Existenz Gottes ist das Beten der Ketzer

Gott ist allmächtig, aber nicht gleichgültig: »Gott verlangt es nach dem Werk seiner Hände.« (Hiob 14,15)

CREDO: Gott ist mit mir auf der Suche nach Ihm

Entweder gedichtet oder zur Debatte gestellt

Der Glaubensmut übersteigt die Überzeugungskraft

Im Anfang war das Wort, die Rede aber erwachte im Garten Eden. Gott würde gern durch die Blume gesprochen haben.
Wer mit der Bibel erwacht, kann zu Gott durch die Blume nicht sprechen

»Es ist leichter ›mit Gott‹ einzuschlafen als ›mit Gott‹ zu erwachen.«

Nichts ist geeigneter, Gott zu umgehen, als der begründete Glaube. Der Glaube im Judentum ist nicht das Begründete, sondern das schlechthin nicht zu Erschütternde. Wir kennen den Grund für Abrahams Glauben nicht, wir wissen nur, dass er auch durch Gott selbst nicht zu erschüttern war

»Durch tiefes Denken« – sagt Hippel – »gewöhnen wir unsere Seele zu einer Art Existenz außerhalb des Körpers.«

Denken im Zweifel am Denken ist Verzweiflung; Glauben im Zweifel am Glauben ist Hoffnung

Credo: Es ist vage gesagt, was zu hoffen ist; und was zu sagen bleibt, wiegt, sagemutig, das Gesagte auf

Bei Gott – bei Trost

Man verweist Gott ins Jenseits,
und schwört doch hier:
bei Gott!
Die Welt ist bei Gott;
das Jenseits ist das Exil beider.
Bei Gott – Wie weit ist es doch!

Credo: Nirgends zu Hause; allerwegs in Gottes Hand

Die Welt missachten und Gott rühmen – wofür?

»Wenn die Lobpreisungen eines göttlichen Wesens einen so großen Teil seiner Verehrung ausmacht, so sollten wir deshalb zuerst, wie mich dünkt, die Güte lernen, wäre es auch nur aus dem Grunde, um auf irgendeine erträgliche Weise zu lernen, wie wir lobpreisen sollen. Denn das Lob der Güte, aus falschen und hohlen Herzen, ruft sicherlich den größten Misston der Welt hervor.«

Ein rechtes Denken geht um Gott, ein gerechtes um den Menschen

Hier kann sich nur ein Teil der Gerechtigkeit zeigen,
weil sich hier auch nur ein Teil des Lebens abspielt

»Dem Einzelnen wird keine Gerechtigkeit. Nur lange Zeitalter reichen hin, um erlittenem Unrecht Genugtuung zu schaffen, womit aber davon weggeblickt wird, wie viel neues Unrecht in der Zwischenzeit entstanden ist […]. Was soll er beginnen, wenn er weiß, dass er dem Unrecht auf Zeit nicht entrinnen kann und ›gleichzeitig‹ doch auf diese Zeit verwiesen wird, da er etwas anfangen soll? Das bleibt die Frage des Einzelnen, dem in diesem Leben keine Gerechtigkeit wird, und so leitet diese Frage den Menschen auf einen verwirklicht geglaubten oder einen zu erstrebenden Erlöser hin. Ohne Unrecht wäre der schier aussichtslose, aber unvermeidliche und immer aufzugreifende Kampf um ein endgültiges Heil nie begonnen worden.«

Credo: Du kannst nicht im Recht sein und Gnade finden

Nicht jeder Glaube
fällt mit Gott zusammen

Es gibt keine Frage,
die an Gott gerichtet werden könnte,
es wäre denn das ganze Leben

Wir leben wortwährend
und denken fortlaufend

Ein totes Leben muss auch seinen toten Gott haben

CREDO: Ist Gott tot, dann ist die Welt sein Grab und ich bin seine Inschrift

Die eigene Not – die eigene Note

Clara von Bodman schreibt an den Autor:

»Nun ist aber noch eine Frage, die mir besonders schwer auf dem Herzen liegt, zu klären. Sie bezieht sich auf einen ungeschickten Ausdruck von mir: ›Es widerstrebe mir, über Gott zu reden‹. Du weißt doch, dass ich mit keinen Deiner Aphorismen so eins war, völlig eins und einig von Anfang an, wie mit allen aus dem Bereich des Glaubens. Wie dieser eine Spruch hieß, wozu ich diese einfältige Bemerkung machte, entsinne ich mich nicht mehr. Aber so völlig widerlegt hast Du mich mit dem Wort: ›Denken und sprechen muss man über ihn, wie käme er sonst zu dir?‹

Ja, wie wäre er zu mir gekommen, hätte nicht meine Mutter an meinem Kinderbettlein mit mir gebetet ›Lieber Gott, mach mich fromm / dass ich zu Dir in'n Himmel komm‹ und so meine Sehnsucht nach ihm geweckt. Gesegnet sei sie, dass sie so tat, und doppelt gesegnet, dass kein Himmel ausgemalt wurde, keine andre Belohnung als die, bei ihm sein zu dürfen, so wie er bei uns war und freundlich zu uns niedersah, während wir beteten. Aber ich lernte, dass er etwas von mir wollte: ›fromm sein‹, das hieß wohl in meiner kindlichen Vorstellung ›brav‹ sein, so wie die Eltern es von mir wollten – die ja Gott zu seinen Stellvertretern eingesetzt hat, solange das Kind nicht selber stehen kann. Ja, wie wäre er ohne diesen Anfang zu mir gekommen? Es wäre wohl ein weiter Weg gewesen und durch viel Not gegangen.«

»Und wehe denen, die nichts über dich sagen, denn die Plappermäuler reden lauter Unsinn.«

Man kann Gott wortlos dienen,
ihn aber nicht sprachlos verherrlichen

Auch wenn wir schweigen,
kommt Gott nicht zum Verstummen;
auch wenn wir verstummen,
lässt Gott sich nicht verschweigen

Der Monolog auf den Reim gebracht,
ist schon der Dialog

Schweigen schärft den Blick
und ist auch dem Gehör unentbehrlich

Stimmigkeit ist immer gehörig

CREDO: Wie soll Gottes Dasein von mir aus notwendig sein,
kann mein Dasein doch nur von ihm aus Notwendigkeit haben

Wissen ist endend und wendend

Wissenschaft ohne Gott ist möglich,
Weisheit nicht

Was wir selbst entdecken können,
wird Gott uns nicht offenbaren

Das Wissen von Gott ist grenzenlos beschränkt

Zum Glauben kommt man erst über Gott

Wissen ohne Glauben ist unzulänglich,
glaubt man doch zu wissen

Das Nichtwissen wird durch Wissen ersetzt oder erweitert

Wissen ist nicht weniger erschütternd als Glauben

Gott, der Weggedachte,
ist nicht mehr der Undenkbare

Credo: Wessen Wissen nicht von Gott, wird von Gott nicht wissen

Sprache – Schauplatz des Unsichtbaren

Die Propheten riefen in einen Raum,
in den Menschen hineinwachsen sollten

Die Sprache der Propheten war nicht auf Gefolgschaft gerichtet, sondern auf Gehörschaffung

Propheten sind Sprecher des Unwiderruflichen, darum verhallt ihre Stimme nie

Die Quellen der Sprache,
die Quellen des Heils

Der Seher ist ein Teil des Geoffenbarten

Prophetie unterscheidet sich von Weissagen dadurch, dass sie sich nicht der Zukunft überlässt

CREDO: Auch wenn Gott sich mir nicht zeigt, darf ich ihn nicht verschweigen. ER ist mir nicht gegeben und kann mir nicht genommen werden

Höre laut zu

Der Jude hat seine heilige Sprache, sie ist es allein ihres Ursprungs wegen: mit ihr schuf Gott die Welt, in ihr offenbarte er sich.
Was er sagte und diktierte, und was von ihm geschrieben steht, lässt sich unübersetzt nur im Hebräischen finden

›*Sch'ma - bechol laschon scha'ata schomea*‹ (Berachot, 13a): höre in jeder Sprache, die du vernimmst. Bestimmungen finden in Sprachen ihren ersten Niederschlag und letzten Ausdruck; auch das Gehör ist eine Verlautbarung; Gott zeigt sich nicht, er spricht, und der Angesprochene ist der Mensch schlechthin: Wo bist du, Adam? Das war die erste, in die Welt eingeführte, im Sprache gewordenen Raum vernommene Frage.
Das Fragen vor allem kommt von Gott, doch immerhin erwies sich Adam noch als frag-würdig

›*Sch'ma - bechol laschon scha'ata schomea*‹ – gemeint ist: bekenne und sprich dein Bekenntnis – das שמע ישראל *Sch'ma Israel* - das ›Höre Israel‹ – in jeder dir vertrauten oder geläufigen Sprache, denn es gilt in jeder gleich, in allen zugleich

CREDO: Die Sprache kommt nicht zu Wort

Die Sprache an sich ist die Sprache an uns

Die Bedeutung der Sprache und der Sprachen, da ihnen in der Bibel, von allem Anfang an, eine so große Rolle zugestanden wird, steht im Zentrum jüdischen Denkens. Und es gehört eben zum Selbstverständlichen dieses Denkens, dass es keine Fremdsprachen kennt. Sprache ist nie fremd und kann nie fremd sein. Mit seinem Odem blies Gott dem Adam alle Sprachen ein.

Alle Sprachen sind von Gott bestimmt, so können alle die Stimme Gottes vernehmen, in sich bergen und mit eigenen Worten wieder verlautbaren oder verkünden.

Mag Gott auch im Hebräischen seinen festen Sitz haben, mag Jerusalem auch Gottes Thronsaal sein, wohnhaft ist ER in allen Sprachen, und ist dem Gedenken und dem Vergessen in einer jeden gleich nah und gleich fern. Und doch wird es kein Zufall sein, dass Juden gern an Sprachstämmen lehnen, dass viele Juden, immer wieder Juden in allen Sprachen um die Wortwurzeln versammelt und bekümmert sind

Credo: Meine Sprache ist nicht meines Wissens

A – Anfang, B – Beginnen

Im Anfang war das Wort, Gott also war das Vorwort und das muss er geblieben sein

Wie oben so unten, doch wie ist es oben. Um das zu erfahren, muss man die Bibel mit den Augen eines Kabbalisten lesen, mit den Lippen eines Magiers, mit der Vorstellung eines Mythologen und natürlich mit Raschi.
Ein Jude mag sich nicht vorstellen, dass die Welt anders entstanden sein könnte, als mit und aus dem Wort, aus einem gesprochenen, des Odem vollen Wort, obschon der Psalmist Ihn den Himmel weitspannen lässt mit Fingern, welche die Engel dann blau ableckten.
Eine anders erschaffene Welt wäre für die jüdische Vorstellung nicht interessant. »Am Anfang war das Wort« ist aber zu wenig; es müsste am Anfang schon DAS BUCH gegeben haben; so steht's denn auch: Gott schaute in die Tora und schuf die Welt nach diesem Plan. Auch Gott muss sich am Buch orientieren; auch Engel schreiben oder diktieren Bücher (Rasiel).
Würde Gott nicht in das Buch hineingeschaut haben, es gäbe nichts zu sehen

Sprache – das ist der Baum des Lebens, der über Nacht zum Baum der Erkenntnis auswuchs

»In ihren Anfängen ist jede Gestaltung von Mythen durch Worte bestimmt, und für die geschichtliche Kontinuität des religiösen Lebens bleiben die Worte entscheidend.«

Credo: Im Anfang war das Wort, Anfang lässt sich aber nicht beim Wort nehmen

»Weswegen man schreiben muss und allein darf, das haben die alten Propheten am besten gewusst, die nichts wollten, als die Menschen mit der Kraft ihres Gottesgedankens *tränken.*«

Der falsche Prophet ist leicht zu erkennen: seine Rede erkaltet, während er verheißt

Einen Gedanken kannst du in deiner Sprache, eine Idee nur in deinem Leben ausdrücken

Ein echter Prophet hat immer das Wort und nie das Sagen. Er hat keine Autorität, er wird »Wort für Wort« autorisiert und spricht nicht in seinem Namen. Es sind immer falsche Propheten, die denken, sie hätten das Sagen

»Die Jünger Jesu haben seine Aphorismen, nicht seine Predigten behalten.«

Anders als der Prophet, weiß der Dichter nicht, was er spricht,
doch wie dieser sieht er das Ausgesprochene

»Auch diese Zunge Gottes wird unter allen Sprachverwirrungen sich erhalten, und in jeder Mundart sich als das beweisen, was das Wort zum Worte, zur mächtigsten der Energien macht.«

Credo: Auch Worte haben ihre Ketzereien, aber sie kehren täglich zu Gott

Mit Engelszungen von Wort und Rede weg

Alles Leben heißt Sprache;
die Existenz ist stumm,
sie heißt Tod

Der Mystiker: Realist der Existenz

Der Sprachlose und der Sprachbesessene
sind an der Schwelle Gottes

Mystik – Sprachleere

»Die Mystik ist nicht geduldig genug,
um auf die Offenbarung Gottes zu warten.«

Der Mystiker kommt immer wieder
auf sich zu schweigen

Will ich Gott selbst treu sein,
muss ich mir selbst treu bleiben,
denn wer ist Gott selbst?

Credo: Auf Beschluss meiner Augen öffnen sich mir die Tore

Ich verfolge die Gedanken anderer,
auf meine gehe ich zurück

»Ich bin nicht Gott. Ich kann nicht alles. Ich sehe nicht alles.
Ich weiß nicht alles. Ich bin nicht ewig. Ich leide nicht alles.
Ich vollbringe nicht alles. Ich nehme nicht an allem teil.
Ich kann nicht alles umfassen, alles erleben.
Meine Liebe hat wenig Macht.
Meine Ehrfurcht vermag nur wenig zu beseligen.
Meine Fürsorge bringt nur geringen Nutzen.
Meine Voraussicht reicht nicht weit
und erstreckt sich nur auf weniges.
Also kann ich selig sein in meiner Enge
und unbesorgt durch meine Werke,
Gott mit einem Lobe preisen, das Gottes würdig wäre.«

Ich kenne Gott intim nur als Seufzer:
›Mein Gott!‹

Er erweist sich mir natürlich und zwingend,
gnädig und grausam,
worthaltend und entsprechend;
er erhebt mich lichtvoll
und bläst mich barmherzig aus

Credo: Nichts hält den Menschen zurück, wenn Gott ihn ruft, als seine Sprache: Ausgelebt – nicht ausgesprochen

Gott nimmt uns bei seinem Wort

Wir erkennen den Schöpfer in seiner Schöpfung nicht, Gott aber im Reiche Gottes

Jedes Wort muss sich täglich vor Gott stellen, damit es für sein schöpferisches Werk tauge

Sprache macht die Schöpfung zur Welt, den Schöpfer zum Gott,
für diese Welt verantwortlich

Wir kennen das Wort Gottes nur in unserer Sprache, darum kann er uns, nicht aber wir ihn beim Wort nehmen

Die Religionen scheiden und trennen, sie sind verbindlich; der Glaube verbindet nur, er lässt keine Unterschiede gelten, weil er keine kennt. Das sind sein Ruhm und sein Nachteil

Credo: Das Wort Gottes ist das verbindliche, nicht das erlösende

Was lässt sich nicht alles,
wo immer es noch Blumen gibt,
durch die Blume sagen;
durchs Wort aber,
rund um die Uhr,
rund um das Ohr
fallengelassen,
was?

Wer hofft aber nicht,
durch dieses unansehnlichste
aller Wesen
sein Dasein verteidigen zu können
und gerechtfertigt
zu wissen

»Doch weil man das Wachs der Sonne
nicht anvertrauen kann,
so schicke ich Dir
statt der Flügel eines Ikarus
Reden.«

»Die Wiederbelebung der Religion ist fast eine Sache der Redekunst. Das Werk ist schwierig, vielleicht unmöglich; vielleicht sterben alle Religionen, wenn die Sprache sich erschöpft.«

Seligkeit – Innewonne

Inbrunst: mit aller verfügbaren Sprache sich Gott unterwerfen

Ein Traum von der Seligkeit:
Gott selbst nimmt mir
die letzte Hoffnung

»Betrachte den Traum
wie das Gebet deiner
dir selbst entflohenen Seele.«

Was das Leben auf Erden erschwert,
ist sein Schwebezustand

Alles lässt sich entzaubern,
das Entzauberte aber nicht mehr entschleiern

Credo: Ist mein Herz mit mir, ist Gott mit mir; ist Gott mit mir, ist es auch das ganze Alphabet

Gott offenbart sich in gehöriger Sichtweite. Der Glaube kommt vor – in der Sprache. Der Geglaubte offenbart sich nicht; Er erscheint, wenn Er einleuchtet

Dass Er sich wieder offenbare – Glaube; dass Er sich wiederhole – Aberglaube

»Nur mit diesen Lumpereien verschone man uns: dass ein noch nicht dagewesenes religiöses Neuempfinden angebrochen sei; dass behäbige, tantiemengenießende Skribler beinahe Mystiker geworden seien; dass es eine neue allgemeine Religion geben werde; dass eine Wiedergeburt einer Religion bevorstehe. Denn solange nicht eine menschliche Erscheinung sich zeigen würde, die eine göttliche Offenbarung trägt, an die geglaubt wird, solange gibt es keine neue Religion.«

Die Offenbarung versandete in allen möglichen Erscheinungen

Gott erscheint nicht in Wirklichkeit,
er offenbart sich in Wahrheit

»Die Wahrheit ist schon an sich klar und leuchtet hell ohne unser Wort.«

CREDO: Wahrheit spricht nicht, sie zündet

Erreicht mich sein Ruf, erkenne ich erst,
wie weit wir voneinander sind

»Ganz und rein kann der Mensch die Wahrheit nicht empfangen; er sieht sie nur im Bilde, in einem Bilde, das ihm gleich ist. Wie die Gottheit selbst, ist die Wahrheit überall und nirgends; Alles, und Nichts von allem. Lasst uns keine ihrer Erscheinungen verachten! Aber auch keine so verehren, als wäre sie in eigener Gestalt die Wahrheit, die hier ganz und ein für allemal erschienen wäre. Das kann sie nicht, und aller Bilderdienst, womit man sie zu ehren meint, ist ihr ein Gräuel.«

Was gefunden werden will, muss überall zu finden sein

Im Erweisen ihrer Richtigkeit entzieht sich uns die Wahrheit

Der Baum der Erkenntnis – die Beschränkung auf Gut und Böse. Die Erkenntnis des Wahren ist die andere, uns für immer verwehrte Frucht. Wären wir aber wie Gott, wir wüssten auch dann nichts, denn wir hätten keine Fragen

Für eine neue Wahrheit spricht das Neue, nicht die Wahrheit

»Es kommt darauf an, dass der Mensch die Welt sich raubt mit den neuen Fängen, die ihm gewachsen sind, und dass er mit seinem ganzen Leben Wurzel schlage in dem Staunen, das ihn vor seinem Raube befällt.«

Credo: Die Wahrheit ist bis auf ihre Splitter nackt

Das Unendliche ist Ausdruck des Bedauerns

Nicht der Mangel an Erklärbarkeit macht uns unzulänglich, sondern unser Bedürfnis danach

Aus, durch, mit Gott etwas erklären zu wollen, heißt sich seiner zu bedienen

Gott in Unendlichkeit einzwängen ist Beschränktheit

»Ich möchte eher und leichter aus unserer Beschränktheit, als aus unserer Unbeschränktheit auf einen Gott schließen, wenn er uns die Letztere erteilt hätte. Beweist es nicht mehr Allmacht, Millionen von Geistern so abzustufen, wie wir einander kennen, als sie alle in eine Form zu werfen, und ihnen den Vorhang so aufzuziehen, dass jeder sehe, was der andre sieht? Dann wär es ein Marionettenspiel von Marionetten gesehen, und kein Geisterspiel, von Geistern selbst entworfen und aufgeführt.«

Gott mag unendlich und ewig sein, das Leben mit ihm oder ohne ihn ist aber der Sinn der Geschichte

Der Gedanke trägt Licht in die Endlichkeit, die Dichtung malt sie aus

Dein Gott wird dir immer ähnlicher, nur dass er mit deinen Jahren immer jünger wird, bis er dich überlebt

CREDO: Du sollst dir aus Gott nichts machen

Denk nur an Gott,
wenn du das nur kannst

Wie willst du Gott finden,
wenn er bei dir nichts zu suchen hat

Du kannst nicht Gott suchen
und Ruhe finden

Liebe – der auf Gott
eingeschworene Geist

Ist Gott mit Dir, bist du nicht mehr
der Entscheidende

Gibst du Gott deine Liebe,
darfst du deine Zweifel behalten

Gib deine Unsterblichkeit auf –
an Gott

Credo: Ich stehe vor Ihm, bestehe und falle beständig.
Wo mag er mich suchen, wenn ich ihn gefunden habe

Glaube –
das älteste Spiel mit dem Feuer;
ein Gedenkblatt
vom Baum der Erkenntnis;
die Erschütterung Gottes;
einschneidende Ehrfurcht;
Wachhalten an Gott;
Hörigkeit,
Hellhörigkeit

Glaube ist ein Stichwort wie andere, nur tiefer stechend

Kein Glaube kann lebendiger sein als der Gott,
der ihm innewohnt

Der Glaube ist das Tuch, in dem sich Gottes Antlitz verhüllt

CREDO: Mein Glaube verließ mich, ich aber weiche nicht von Gott

Der Glaube –
weiht uns in den Zweifel
über unsere Gewissheit ein;
hat immer seinen Zweifel,
nicht immer seinen Gott;
duldet keine Überzeugung neben sich;
folgt, verzückt, seinem Ausdruck nach;
führt zu Gott, verbürgt aber nicht die Ankunft

Im beharrlichen Glauben des Menschen
harrt Gott seiner

Glaube –
der Jubel über Gott

Der Zweifel leiht dem Glauben sein Gehör,
der Glaube dem Zweifel seine Stimme

Credo: Ich muss an Gott zweifeln, denn ich muss ihn gegen meinen Glauben verteidigen

An Gott gerichtet und verurteilt

Gott, der jeden richtet,
ist gegen jeden gerichtet

An Gott mich richten –
mein eigenes Zeitmaß verwerfen

Aus meiner Vergangenheit heraus
würde ich nur einen
wie mich Vergänglichen treffen.
Wo steht Gott,
wenn ich mich vor ihn stelle?
Was er ist,
kann ER nicht sein

Gottes Walten
lässt sich mit Recht rechtfertigen,
nicht mit Gott

»Recht vor Gott ist, was geschieht.«

Die Antwort Gottes an Hiob war nicht,
dass Er recht habe, sondern
dass Er nicht zu rechtfertigen sei

Credo: Dass ich bin, kann Gnade sein, wie dass ich zu sein aufhöre.
Ich wäre gottlos, wäre ich wie Er unsterblich

Glaube – der Zweifel in Erwartung

Wäre der Glaube des Menschen allein,
er bestünde ohne Zweifel

Der Zweifel betrifft das Wissen,
der Glaube das Wissenswerte

Wäre der Glaube unser Glaube wie Gott unser Gott,
dann wären auch wir über alle Zweifel erhaben

Der Zweifel ist der Anfang der Erkenntnis
und die Schranke des Begreifens

»Der Glaube eines jeden ist, wie der indische Dichter sagt, das Abbild seines Wesens, wie das was jeder glaubt so ist er selbst; beginnt dieser Glaube zu schwanken und wird er vom Zweifel zerfressen, so schwankt alles übrige mit, bis es seelenlos dahinsinkt.«

Man verzweifelt nicht,
solange man zweifeln kann

Credo: Nur Gott allein kann dir den Glauben nehmen

Zweifel – des Glaubens Glaubwürde

Unserm Glauben können wir nicht einfach Glauben schenken,
dem sind wir unsre ganze Glaubwürdigkeit schuldig

Zweifel heißt der Geist,
der über den Glauben kommt

Der Zweifel ist eine Ablenkung vom Glauben auf Gott hin

Glaube – die Überlieferung einer Gewissheit,
im Zweifel bewahrt

In Zweifel gezogen,
dehnt sich der Glaube aus

Ein starker Glaube ist nötig,
um alle seine Zweifel aufrecht zu erhalten

CREDO: In meinem Glauben bin ich ganz Gottes, erst in meinem Zweifel teilt Er sich mir mit

Nicht der Glaube,
der Zweifel macht uns hoffen

Der Zweifel trifft immer nur den Glauben;
das Geglaubte kann auch der Zweifel nicht meinen

Der Glaube strahlt seine Zweifel aus;
aus diesem bilden sich das Scheinheilige
und der Heiligenschein

»Im Talmud ist zu lesen, daß jemand, der sich lahm oder hinkend stellt, ohne es wirklich zu sein, für diese gottlose Verstellung werde bestraft werden. Er werde schließlich wirklich lahm oder hinkend sein. Daraus zog Rabbi Bunam den Schluß, daß ganz ähnlich jemand, der sich so stellt, als wäre er ein Heiliger, wiewohl er es nicht ist, schließlich wirklich ein Heiliger werde. Gewissermaßen als Strafe!«

Wie der Zweifel zum Glauben,
gehört Verzweiflung zur Hoffnung

Ohne Humor lässt sich weder glauben noch zweifeln

»Herr, schenke mir Sinn für Humor,
gib mir die Gnade,
einen Scherz zu verstehn,
damit ich ein wenig Glück kenne im Leben
und anderen davon mitteile.
Amen.«

Mein Zweifel macht mich glauben,
dass mein Glaube mit Gott zu tun hat

Credo: Gott lässt alle Zweifel an sich heran, den Glauben aber prüft er

Zweifel – die Fühler der Glaubhaftigkeit

Glaubensfragen sind Zweifel

Zweifel betreffen nur,
was man zu wissen glaubt:
nicht das Wissen, nicht den Glauben

Zweifel ernüchtern,
ohne erwecken zu können

»Du wusstest es ja gar nicht von mir!«
»Doch, ich weiß es, weil ich es nicht bezweifle.«

Mit dem ersten Zweifel beginnt
das Gewusste zu schwinden

Credo: Gott ist über alle Zweifel, aber auch über jeden
Glauben erhaben

Der Überzeugte glaubt nicht mehr

Der Glaube kann sich nur bezeugen, niemals überzeugen

Es gibt keinen Glauben außerhalb des Gläubigen Lebens

Die Stärke des Glaubens –
die Schwäche der Überzeugungskraft

Der haltbare Glaube ist nicht der Glaube, der hält

Erschütterungen begründen den Glauben,
Schwankungen befestigen ihn

Ein wachbleibender Glaube gibt seine Distanz zu Gott erst mit dem letzten Atemzug auf

Ehe man seinen Glauben preisgibt, gibt man lieber seine Überzeugung auf

Im Bereich des Glaubens gibt es keine Probleme, nur eine Frage und eine Antwort

Credo: Trete ich aus meinem Glauben hinaus, sehe ich ihn herrlich aufgehen

Vom Glauben sieht man nur die Stufen

Glaube – die Leere, in die man sprechen muss, damit etwas werde

»Die Stufen des Lebens, die jeder in seinem Sein überschreiten muss, können nicht zahlreich genug sein, denn der Mensch ist ein Wesen, das einen weiten Weg der Entwicklung hat.«

An Gott denken – von vorn beginnen;
an Gott glauben –
auf seine Unsterblichkeit verzichten

Man muss sich schon hingeworfen haben, um auch nur bei sich Gnade finden zu können

Mit Gnade wird man nicht beschenkt, sondern begabt

Wen Gott versuchen will,
über den bringt er den Glauben

Im Glauben gibt es nichts zu wollen

Die tiefsten Einblicke gewinnt man geschlossenen Auges

Das letzte Wort von Gott ist das erste über die Liebe

Credo: Wessen Gott bedarf, den sucht er heim

Gott lieben – aufbegehren

Nur der Mensch spricht für Gott

Wer in der Liebe und vor Gott
seinen Stolz behalten will, hat beide,
Gott und die Liebe, schon verfehlt

»Mitleid verdient nur, wer auf etwas stolz ist.«

»Die Casteiungen katholischer Zucht reizen auch ein wohlgeartetes Gemüth zum geistlichen Stolze, das seine Unlauterkeit fühlt. ›Ich geissele mich‹, schrieb der redliche Bischof Wittmann in sein Tagebuch, ›aber ich zähle die Streiche und bin stolz auf ihre Zahl.‹«

Den Glauben braucht man für sich,
die Liebe für Gott

Gottesliebe befähigt den Gläubigen, nicht nur sein Leben, sondern auch seinen Glauben für Ihn zu lassen

Credo: Verlässt Er mich, bekomm ich Ihn zu spüren

Hätten wir auch alles ergründet,
es fehlte immer noch die Ursache

Offenbarungen sind vor-bildlich;
Gott tritt nicht in Erscheinung.
Der Glaube hat keinen Gegenstand
und ist keine Überzeugung,
sondern einzig Liebe zu Gott.
Es wäre eine merkwürdige Liebe zu IHM,
die sich bemühte, seine Existenz zu beweisen.
Und doch macht es diese Liebe aus

»Können Sie sich vorstellen, Augustinus würde sagen,
die Existenz Gottes sei ›höchst wahrscheinlich‹!«

Die Liebe zu Gott reichte nie aus zum Beweis seiner Existenz.
Man könnte sagen: Die Liebe zu Gott verzehrte sich
in der Behauptung seiner Existenz. Oder man sagte:
Gott geht im Glauben auf

CREDO: »Je größer die Liebe zu Gott, desto grundloser sein Dasein.«

Im Anfang war das Wort
und Gott kam zu Wort

Gottes Wort –
seine versprochene Erfüllbarkeit

Wir hätten keine Gewissheit,
bestünde Gott zweifellos

Der Zweifel wendet sich den Glauben ein.
Wer glaubt, tut Buße

Credo: »Wie schön ist Tod noch vor des Zweifels Ende.«

Auch Gottes Kraft, die Schöpfung, geht nicht über das Buch hinaus

»Goethe hatte durchaus Unrecht. Alles Vergängliche ist *nicht* ein Gleichnis. In jedem Augenblick ist jedes Vergängliche ewig dieses Vergängliche. Was es bezeichnet, ist sein eigenes Sein. Und dieses Sein ist dasselbe wie das mit dem größten Anfangsbuchstaben geschriebene Sein. Warum liebt man die Frau, in die man verliebt ist? Weil sie *ist*. Und das ist schließlich Gottes eigene Definition seiner selbst. Ich bin, der ich bin. Die Frau ist, die sie ist. Einiges von ihrer Istigkeit fließt über und durchtränkt das ganze Weltall. Gegenstände und Ereignisse hören auf, bloße Vertreter ihrer Klasse zu sein, und werden etwas völlig Einzigartiges; hören auf, Veranschaulichungen der verbalen Abstraktionen zu sein und werden völlig konkret. Dann entliebst du dich, und das Weltall stürzt mit einem fast hörbaren spöttischen Knacks zu seiner normalen Bedeutungslosigkeit zusammen. Könnte es je verklärt bleiben? Vielleicht könnte es. Vielleicht ist's einfach eine Frage des Verliebtseins in Gott.«

Auch das Nichts wird in seine Bedeutung gedrängt

Credo: Sinn hat, was Sinn verträgt

Es geht nicht an, seine Zweifel mit Gott zu teilen

An Gott als erste Ursache können wir nicht heran, aber als Ursprung aller Zweifel

»Diese Welt ist eine alte; diese Welt ist eine neue. Alt ist das Ewige in dieser Welt, das Bewusstsein, das Gewissen. Der geschaffene Mensch, der in Gott webende Mensch, der von Gott gestürzte oder der mit Gott gebrochene Mensch; der Mensch, welcher Jahrtausende versucht hat, sich durch sich selbst, aber nicht ohne Gott, zu heben. Freilich kann der Mensch sich einbilden, Gott zu schaffen, aber auch Gott abzuschaffen. Er versuche es aber einmal, nach diesem Begriffe Familien, Völker und Staaten zu gründen, und es wird sich zeigen, wie Ethos und Politik gleich zu Schanden gehen.«

Der Tod Gottes muss nicht das Ende der Welt, auch nicht das der Religion sein, aber, was schlimmer wäre: das Außerkrafttreten aller Ketzergedanken

Alle Argumente des Glaubens widerlegt, und an Gott nicht herangereicht

Der Glaube kann nicht über die Frömmigkeit hinausgehen, Ketzerei jedoch bis hin zur Läuterung

Wir zweifeln nicht nur an unserem Glauben, wir zweifeln auch an unseren Zweifeln; so kommen wir nicht einmal als Ketzer vor Gott

CREDO: In Gott verstrickt, mit sich zerfallen; in Gott versunken – in Ewigkeit verloren

Gott kannst du anklagen,
den Allmächtigen nicht verteidigen

»Nicht darin liegt oder lag je das Problem: ob Gott ist oder nicht ist. Der Mensch ist so geartet, dass das Wort ›Gott‹ eine besondere Wirkung auf ihn hat, sei es auch nur die eines Sicherheitsventils für seine Gefühle, wenn er fluchen oder rasen muß. Und da hört der quälende Zweifel an der Existenz Gottes auf. Was immer das seltsame Wörtlein auch bedeuten mag: es bedeutet etwas, was keiner von uns je gänzlich abtun noch erfassen kann; etwas, das verknüpft ist mit unseren innersten Entladungen.
Ein Wort, das niemand definieren kann, ist höchstens ein Geräusch und ein Laut, wie etwa ›Ra‹ oder ›Om‹ oder ›paff!!‹. Wenn ein Mensch sagt *›Es gibt einen Gott‹*, oder *›Es gibt keinen Gott‹*, oder *›Ich weiß nicht, ob es einen Gott gibt oder nicht‹*, so benutzt er das Wort lediglich wie eine Kinderpistole, um kundzutun, dass er Stellung genommen hat.«

Der Gläubige ist seines Gottes,
der Ketzer seines Glaubens voll

Credo: Es gibt ihn, ohne Sein, er hat ja unser Leben

Selbsterfüllt – gottverlassen

»Gottes schaffende Hand braucht jungfräuliche Erde,
um sein Ebenbild daraus zu gestalten.«

Das Leben auf Erden: das von Gott begehrte Jenseits

Und wird das Wort auch Fleisch, Gott geht nicht in Erfüllung

Der Glaube ist ein Warten und ein Gegenwarten

Unsre Gegenwärtigkeit erblüht in Gottes Angesicht,
geht nicht in unsrer Gegenwart auf

Seiner Hinfälligkeit gewahr – das erst heißt vor Gott gestanden

Sich Gott nähern, den Saum seiner Ferne ergreifen

Credo: Der Glaube muss mich verlassen, wenn Gott bei mir anklopft

Fanatisch – glaubheftig

Nicht ob du ein Ziel erreichst,
wie weit du gegangen bist, ist entscheidend

Moralpredigten – versäumte Selbstgespräche

Der fromme Wunsch verdunkelt den heiligen Glauben

Ist man von seinem Glauben auch überzeugt,
wird man Fanatiker gescholten

»Die Welt kann nicht leiden, was sie lobt. Jedermann lobt die Frömmigkeit, und wenn ein frommer Mann auf Erden kommt, so kann er keinen Platz in dieser Mördergrube haben. Er ist wie eine Rose unter den Dornen, wie Abraham im Lande Kanaan.«

Blasphemie – Gott den Glauben schenken

Fanatismus – Liebe auf der Schattenseite

Rausch – das Unvermögen, sich zu begeistern

CREDO: Wer sich aussetzt, erliegt nicht

Wo nichts einleuchtet,
gibt es nichts aufzuklären

Zwischen dem Ausgesprochenen
und dem Vernommenen liegt die
ganze Geschichte des Glaubens
und des Aberglaubens

Das Tabu schützt das Geheiligte
vor dem Heiligen

Aufklärung verdrängt die Götter
in die Unsichtbarkeit

Die Wirklichkeit der Götter –
die Herrlichkeit ihrer Namen

Der Untergang seiner Götter
macht den Menschen mündig,
das Vergessen ihrer Namen –
sprachlos

Auch der Atheismus trifft seinen Gott,
obgleich nur tödlich oder tot

Credo: Von Gott in seiner Abwesenheit zu sprechen,
ist geschmacklos

Der Zweifel –
die Unglaublichkeit des Glaubens

Man kann nur an seinen Gott glauben;
an seinem Glauben kann man nur zweifeln

Solange man zweifelt,
ist man im Glauben;
seines Glaubens gewiss –
seines Widerspruchs voll

Nicht nur im Glauben, auch im Unglauben
unterscheiden sich die Menschen

Credo: Zwischen Gott und mir darf kein Glaube stehen

Sünde – VorFall

Der erste Sünder errichtete das erste Gericht

Die erste Sünde – der erste Aufbruch;
gesündigt – Gott nahe getreten.
Die Seele sucht den Richter, den sie fürchtet:
»Ich habe den Herrn allezeit vor Augen« (Psalm 16,8).
Das ist die Wahrheit des Sünders.
Schuld hat nie große Zeugen,
mit der Sünde aber tritt man vor Gott.
Die Schuld will man kleiner,
die Sünde prächtiger haben.
Die Beichte ist die Blütenpracht der Sünde

Von der Sünde ist nicht mehr die Rede,
die Sprache aber,
und sie kommt auch wieder über uns

Schuld lässt sich verdrängen, Sünde nicht.
Sünde belebt den Tod in uns,
sie ist die vertane Seite des Werks

Im Glauben verkommen, sündhaft schön

Credo: Das Herz des Sünders ist das Auge Gottes

Mit der Sünde wächst der Anspruch an Gott

»Es ist nicht die Sünde des Menschengeschlechts, welche sich forterbt; sondern es ist ›die Seele, welche sündigt‹. In der Sünde ist das Individuum zur Entdeckung gekommen. Und es ist keineswegs die Freiheit der Verdammnis, welche hiermit festgestellt würde; sondern zugleich mit der Sünde des Individuums entdeckt Ezechiel den Begriff der Buße, oder, wie das besser bezeichnende hebräische Wort: der Umkehr. Dennoch aber darf es nicht verschleiert werden, dass die Sünde der vermittelnde Begriff wurde für die Erfüllung der Tugend. Zuerst musste in der Freiheit zum Bösen die Freiheit entdeckt werden.«

Sünde –
eine vor Gott zu tragende Last,
die lastet;
Schuld –
eine von Menschen aufgebürdete Last,
die belastet

Credo: Solange man sich versündigt, ist man noch auf dem rechten Weg

Sündlich meines Lebens abgelichtet

Sünde – ein Ohnmachtszustand,
aus dem man noch erwacht,
aber nicht mehr zu sich kommt

Es gibt kein Leben, das Sünde wäre,
aber eins, das Irrtum ist

Kleine Sünden bedürfen der Buße,
große der Verzweiflung

Mit seiner Sünde kommt man hart an Gott vorbei
und nur knapp mit dem Leben davon

Sünde – eine Wunde,
die nicht schmerzt und nicht heilt

CREDO: Alle Sünden sind vergebens

»Da sprach Adam: Das Weib […]. Das Weib sprach: Die Schlange […].« (Genesis 3,12-13) – Die Grundhaltung des Menschen ist seit jeher: Selbstwehr, Abwehr, Zurückweisung: ›Ich bin's nicht gewesen‹, ›ich will's nicht gewesen sein‹, ›ich nicht‹.

Das Paradies war dem Menschen schon zuviel an Welt, zuviel des zu Verantwortenden. Adam und Eva haben die Vertreibung aus dem Paradies auch nie beklagt – und sie hatten im Paradies doch alles. Eben darum. Denn was hat ein Mensch, der alles hat? Ein Mensch, der alles hat, muss sich selbst vermissen. Erst wenn ihm etwas wieder fehlen würde, hätte er wieder alles. Wer alles hat, kann es nicht mehr wissen. Nicht anders als das Paradies die Welt von Adam und Eva war, ist unser Paradies diese Welt. Nur war das Paradiesische jener Welt das Geschlechtslose und bestand ohne Verlockung, weil ganz ohne Hoffnung. Es kann keine Hoffnung geben, wo es den Tod nicht gibt. Um ihrer Hoffnung willen vertrieb Gott Adam und Eva aus dem Paradies; in die Hoffnung, in den Tod – von seiner Schöpfung, zu ihrer Zeugung.

Gottes Schöpfung bleibt kahl und leer ohne das Zeugen des Menschen. Mit seinem Zeugen bezeugt er Gottes Schöpfung, Gott als Schöpfer. Alles das wäre im Paradies nicht möglich.

Die Erbsünde wäre demnach gerade das Verlangen nach dem Paradies; aus der nur zeugend verantwortbaren Welt in ein begrenzt Geschaffenes zurück

Jüdische Hartnäckigkeit: das Paradies just da zu suchen, wo es der erste Mensch verloren hat

Credo: Wo Gott nicht erscheint, wird Umwelt sichtbar

Ein Garten Eden und nur der eine Baum darin der Rede wert

Im Paradies hatte der Mensch das Leben und die Zeit, nicht die Zeit seines Lebens

Das Paradies: kein Ort des Aufbruchs, eine Idee der Umkehr

Adam und Eva wussten nicht, dass der Garten Eden ihr Paradies war, das sollte er erst werden: aus der Sehnsucht, in der Umkehr

Aus dem Paradies vertrieben, näherte sich Adam dem Boden, der ihn nun tragen und nähren sollte. Es ging ums Leben, um die nächste Nähe zu sich, um die wachsende Entfernung von Gott. Der Zeuge Gottes war nun mit dem Zeugen seiner Nachkommenschaft beschäftigt, den Schöpfer verlor er nicht aus den Augen: Seine Sichtweite bestimmend, blieb Er in Sicht.
Gott fragte nicht mehr, wo er sei, die Cherubim aber, am Tor des Paradieses, konnte er von seinem Acker aus sehen. Das alles war vorbei, nicht aber fern.
So ist in ihm nie das Bedürfnis entstanden, ein Opfer darzubringen.
Er hatte sich falsch entschieden, nicht versündigt. Er rebellierte nicht, er riskierte.
Wir hören ihn nicht mehr mit Gott reden.
Er hatte bereits alles benannt, nun kommen die Kinder und bekommen von der Mutter ihre Namen. Das vom Schöpfer ins Dasein Gerufene, wird von Adam Irdisch benannt, das vom diesem Gezeugte benennt Eva. Der erste Sohn bekommt den Namen Kajin, in diesem gedenkt Eva ihres Mannes und seines Schöpfers. Der Name ist handfest und tüchtig, sein Träger wird viel zu tun und viel auszutragen haben auf Erden. Den zweiten Sohn ruft Sie Hewel / Abel, wie den im Frühlicht aufsteigenden Dunst; ein Morgenatem der Erde, viel versprechend, wenig haltbar, sich verflüchtigend.

In beiden Namen wird eine Haftung gesucht. Kajin drückt die Nähe, Hewel / Abel die Ferne aus. Sie bringen beide ihre Opfer dar, stellen die Nähe zu Gott wieder her, und es gelingt ihnen, jedem in seiner Art. Abel findet Gefallen vor Gott, muss bald aber das Feld räumen, Kajin wird Gottes erster Gesprächspartner.
Mit Kajins Tat hört die göttliche Rhetorik auf. Gott sagt ihm, was er denkt, und auch er, Kajin, spricht sich aus. Er wusste nicht, was er tat, nun aber, was zu tun ist.
Er baut eine Stadt und lässt Abels Opfergesänge instrumentieren

»In einer kleinen Regenecke steht
die letzte Stadt
in steinerner Geduld.
Ein toter Schädel liegt
– wie ein Gebet –
Schief auf dem Leib,
dem schwarzen Büßerpult.«

In Erinnerungen gekleidet, in Erinnerung gerufen

Erinnerung ist paradiesischen Ursprungs, sie beginnt beim Namen, mit der Namensgebung, mit der Benennung. Was mit einem Namen belegt wird, geht in die Erinnerung ein und kann immer wieder in Erinnerung gerufen werden.

Es war Adams heilige Beschäftigung, alles, was nackt und bloß in der Schöpfung herumlag oder umherirrte, mit Namen zu belegen, zu beseelen, wortfest zu machen. Göttlich ist das bloß Vorhandene, menschlich – das in Deckung Gebrachte.

Das Herz eines Dinges ist sein Name, der Name eines Menschen – sein nicht zu widerrufender Ruf.

»Erinnerungen sind mehr als Kleider.« So war's schon im Paradies. Adam hatte noch keine Kleider, als er Geburtshelfer der Erinnerung wurde. Und dabei ist es geblieben: die erste Kleidung eines Menschen ist der Name, mit dem er bedacht und bedeckt wird; der Name ist die Haut über der Haut.

Alle Taten und Werke stehen im Dienst des Namens, alles was sich ausdehnt und einprägt. Sein Name ist der ganze Mensch. Das Wesen verändert sich mit dem Namen. Was durch den Namen zum Wesen geworden ist, verändert sich mit dem Namen in seinem Wesen.

Der Name ist verletzlich wie die Haut, doch er altert nicht und schrumpft nicht ein.

»Im Anfang« heißt das erste Buch Mose, »Namen« das zweite, »Er rief« das dritte: das ist die Reihenfolge und so entsteht der Sinn

Adams Entdeckung – seine Blöße

Falsche Propheten sprechen nur von der Hoffnung, aber es gibt kein richtiges Leben im Falschen, und hinfällig ist alles, was auf Gott hofft und nicht baut. Das Bekenntnis der Schuld ist die Geburtsstunde der Reue, aber es ist leichter, seine Schuld einzugestehen, als seinen Anteil an der Schuld zu erkennen

Adam wähnte sich in Gott gehüllt und sah sich entdeckt. Seiner Blöße gewahr, musste er sich seiner Nacktheit erbarmen. So ward die Scham geboren.
Entdeckt man seine Blöße, ist Scham das, womit man wenigstens sein Gesicht bedecken kann

Schwer gescholten, leicht gekleidet,
verließen Adam und Eva das Paradies;
Kajin aber, sich schuldig gemacht,
zog mit einer von Gott erteilten Lehre
in die Welt, in die er den Tod eingeführt hatte,
und gründete die erste Stadt

Ruf und Widerruf

Die Geschichte der Menschheit und die Geschichte des Glaubens haben die gleiche Geburtsstunde und den nämlichen Grund – den Sündenfall.

Nicht Gottes Rede, die Wendungen der Schlange gaben den Ausschlag.

Zwischen Rede und Wendung ist die Theologie geboren, das Denken an Gott in der Abwendung von ihm; das endlose Getüftel um das ewige Grün eines nur einmal in seiner Frucht gekosteten Baumes. Ein Baum der Erkenntnis, der reinen Zugänglichkeit, kaum verwirrender als es der Baum des Lebens gewesen wäre, ließe seine Frucht sich nur einmal kosten.

Und doch gibt es sie beide, das Leben und die Erkenntnis; nur gibt es das Leben ohne Erkenntnis nicht, und es gibt die Erkenntnis nur ohne Baum; sie fruchtet ewiglich und grünt nimmermehr.

ER musste rufen (Genesis 3,9) und widerrufen (6,7)

Wendung und Abwendung, Ruf und Widerruf: das war die Sprache und davon ist die Rede

Überflüssig ist, was nicht mehr fließt

Was der Mensch auch immer sei, er ist es nur im Vergleich zu höheren und niedrigeren Wesen. Darum interessiert es die Bibel nicht sehr, was der Mensch ist, um so brennender, was er vermag. Denn er vermag das Höchste: zu unterscheiden und zu scheiden; am Bösen sich wundzureiben; sich auf die Seite des Guten zu schlagen; beim Verscheiden an Gott zu erinnern

Seine Werke und Taten verantwortet man vor sich selbst und seinesgleichen; sein Menschsein kann man aber vor seinesgleichen nicht verantworten – das hat Gott uns mit dem Kajinsmal eingeprägt

Jeder Lehre geht eine Nachwirkung voraus

Sehnsucht hat immer das Nachsehen

»Verkommene Sehnsucht klafft weit wieder auf«

Wir sind uns zu jedem Zeitpunkt voraus
und müssen auf uns zurückgehen

Es gibt zu jeder Zeit den einen, der nichts voraussieht, nichts voraussetzt, nichts vorwegnimmt; der ohne Klage, mit ausgeweinter Sehnsucht, seinen Fuß auf die Erde setzt, »dass Treue aus der Erde wachse und Gerechtigkeit vom Himmel schaue«. (Psalm 85,12)

Wohin trug mich die Sehnsucht, wohin ging mein Leben,
als ich mich wähnte, über Gott gebeugt

Credo: Der Glaube überlässt Gott zuviel: die Arbeit, die Barmherzigkeit, die Gnade, die Nachsicht und auch noch das jüngste Gericht

Beim Zusehen schwindet die Anschauung

Kunst schaffen –
das Böse seinem Rang nach anerkennen

Kunst ist religiös in der Tendenz,
sich von Gott zu trennen

Aller Kult tendiert zu künstlerischer Vollendung. Diese wird notwendig zur Vollendung des Gottesbildnisses, das somit entlarvt wird. Was man in Handwerk und Kunstfertigkeit vollenden will, wird als Vollendung im Bilde (Gottes) selbst geglaubt. Die Kunst macht glauben und lässt den Menschen im Bilde dieses Glaubens allein sein

Die Kunst ist genötigt, den Herrn vom Schöpfer zu trennen.
Der Herr lässt sich verherrlichen, dann ist Kunst Gottesdienst

Das Ausbleibende ist das Maß der Erfüllung

Credo: Das Böse ergründet nichts, zerstörend kommt es auf den Grund

Wahrheit erregt Schwindel

Widersprüche lassen sich aussöhnen,
wenn man sie alle kennt,
aber wer kennt sie schon alle

Die heiklen Stellen in religiösen Texten
überwindet man am ehesten singend

Ist man im Irrtum,
ist man auch dann im Glauben

Man weiß nicht, was man sagt,
aber warum man es gesagt hat

Man weicht den großen Worten aus,
und sucht dann im Kleinsten das Große

Das Grau der Moral gehört zur Farbenlehre der Ästhetik

CREDO: Was nicht werden will, kann man sein lassen

Glauben – widerhoffen

Nicht der Glaube, nur der Glaube an die Überlieferung kann überliefert werden. Aber es ist schwerer, zum Glauben der Väter zurückzukehren als zum Vater selbst

Erst wenn man in seine Erscheinung getreten ist,
wird Dasein Gegenwart

Hoffnung – das Unvermögen des Erwartungsvollen,
selbst in Erscheinung zu treten

Die Erwartung gilt dem Kommenden, die Hoffnung dem Ausbleibenden. Der Kommende ist im Kommen, nicht irgendwo unterwegs. Würde man nur sein Kommen, nicht auch sein Bleiben wünschen, der Messias wäre längst da. Die Hoffnung, er bliebe, verhindert sein Kommen

Je fester der Glaube, desto zäher sein Widerstand gegen die Hoffnung

Der Einzelne hat wenig Hoffnung. Nicht, weil er nicht viel wiegt, sondern weil er nicht zählen darf. – »Gott steht in der Gemeinde Gottes.« (Psalm 82, 11)

Die Rechnung der Hoffnung geht immer auf – in Gottes Erbarmen

Credo: Gottes Allmacht – sein Erbarmen mit mir

Revolutionäres Ungestüm und messianische Kleinschritte

Dass etwas ›kommen müsse‹,
besagt nur, dass man wartet

Man wartet täglich auf den Messias,
dass er nur ja nicht überrasche

Das Kommen des Messias –
das schrittweise Abnehmen der Zukunft

Gott hieß den Messias kommen.
Wenn nur wir das könnten

Unser großer Irrtum ist, dass wir in der Hoffnung
einen Grund zum Hoffen sehen

Credo: Der Messias war noch immer das Opfer
seines Verkünders

Erlöst – ausgeheilt

Wohl kann man täglich
auf den Messias warten,
nicht aber ein Leben lang
auf die gleiche Erlösung

Das nackte Leben spricht:
einer muss kommen,
und wäre es der Falsche

Der Erlösungsgedanke
ist gegen Gott den Schöpfer gerichtet

CREDO: Erwartungen sind der Pöbel im Reich der Hoffnung

Verbindlich – erlösbar

Mögen alle Wege uns auch vorauseilen:
um den einen Schritt zu wagen, der uns weiterführt,
müssen wir sie alle zurücklegen

Die Erlösung der Welt wird an dem Punkt aufgehalten,
an dem du stehen bleibst

Geduld –
messianische Umgangsform

Wir wissen, dass wir in der Zukunft nichts zu suchen haben
und doch wird unser Schritt und unser Blick auf sie gelenkt

Zukunft kann nicht abgewartet werden,
sie muss, wenn sie kommt,
schon ausgewartet sein

Credo: Erlöst, das ist noch nicht entlassen

Nach Zukunft duftet,
was nach Erinnerung schmeckt

»Zukunft war mir immer ein merkwürdiges Wort,
weil es das auf uns Zukommende,
also schon Vorhandene bezeichnet.«

Wir bedürfen der Zukunft,
um auf unsre Endlichkeit
zurückkommen zu können

CREDO: Keine Zukunft könnte unsre Gegenwart aushalten

Messianismus –
die Geduld aller Proben

Auch der Erlöser führt nur zur Erlösung.
Könnte jemand Erlöser sein,
er würde einen anderen nicht verkünden müssen.
Dass einer den anderen voraussagt, bedeutet,
dass keiner es sein muss

In der Sprache des Glaubens
heißt Zukunft – Umkehr

Erlösung klingt wie ein zweites Sterben

Credo: Dass Er mit mir etwas vorhat, ist meine ganze Zukunftsperspektive

Das Beständige – das mit dem Leben Zusammenfallende

Du kommst ins Leben unbefragt, nicht jedoch unberufen

»Zu Zeugen habe ich heuttags gegen euch den Himmel
und die Erde genommen,
das Leben und den Tod habe ich vor dich hin gegeben,
die Segnung und die Verwünschung,
wähle das Leben,
damit du lebest, du und dein Same:
IHN deinen Gott zu lieben,
auf seine Stimme zu hören,
an ihm zu haften,
denn das ist dein Leben«
5. Mose 30,19-20

Die Gewohnheiten des Lebens, die Einrichtungen des Todes

Leben ist das, was sich durch den Tod nicht verewigen lässt

Kraft lässt sich nur auf die Probe, nicht auf die Waage stellen

Unter dem Gesetz steht man nicht nur, man fällt auch

Credo: Gott gibt Antwort, nicht Auskunft, nicht Bescheid

Letztlich – jetztlich

Jemand findet den Messias in einer Höhle
und fragt ihn, wann er endlich kommt.
Er antwortet: »Heute«.
Als er bis zum Abend vergeblich gewartet hat
und sich beklagt,
wird ihm Aufklärung:
»Heute – wenn ihr auf meine Stimme hört«.
Psalm 95,7

»Unser Lebensatem –
der Gesalbte des Herrn«
Klagelieder 4,20

»Mein Atem heißt
Jetzt«
Rose Ausländer

Was auf den Propheten folgte,
war – und blieb –
Hoffpoesie

Credo: Der falsche Messias kommt immer wie gerufen

Einen Gedanken verfolgt –
ein Leben erjagt

»Willst du sorglos wandern
Bis ans Lebensziel,
Hoffe nichts von andern,
Von Dir selbst nicht viel.«

Geselle dich zu deinem Gebet,
das wäre das Abenteuer deines Lebens

»Rabbi Mendel hielt die Gebetzeiten nicht ein. Wir sollen ja nicht nur mit der Seele, dem Herzen und dem Mund, sondern mit dem ganzen Körper, mit allen Gliedern beten. Ihr wisset, wie wir uns beim Beten nach allen Seiten hin bewegen, heißt es doch in dem Psalm Davids – Friede über ihn!: ›Alle meine Gebeine sprechen, wer gleicht Dir, o Gott!‹ Gerade darum, behauptete Rabbi Mendel, ist es nötig, möglichst spät zu beten, denn nicht alle Glieder erwachen zu gleicher Zeit.«

Credo: Ein ganzes Leben lang bleiben wir uns ein ganzes Leben schuldig

Die ersten Bundestafeln waren die zerbrochenen
Oder:
Solange ich es mir denken kann, ist das Verlorene da

(Beim Abschluss dieses Buches. Jerusalem, am 15 des zweiten Monats Adar 5757 / 24. 3. 1997 und wieder am 30. Nissan 5769 / 24. 3. 2009)

Ob frühvollendet oder spät: man kommt mit seinen Werken zur Welt

»Die Handlung, die man durch das Sprechen begeht, muss man in ihrer Frucht auch mit der Zunge auskosten, so, wie man die Werkfrüchte von Leidenschaft und Lust genießen kann. Gleichwie der Fisch dem Stromlauf folgt, so geht der Mensch seiner vollbrachten Handlung nach. Bei der guten Handlung freut sich die Seele, bei der schlechten empfindet sie Leid.«

Die Stimme spricht: Du musst weit zurückgehen, um wortheilsam dort wirken zu können, wo einst die Gefühle um den Ursprung herum auseinander gerissen wurden.
Alles um Gott ist erschütternd, alles um den Glauben erbauend, doch steht dem Glauben nur ein einziges Wort zu

Ich kann nur das von mir gegebene, nicht das mir eingegebene Wort verantworten.
Ich kenne die Voraussetzungen meines Denkens nicht; meine Gedanken schreiben mich vor. Was ich mir denken kann, lass ich mir nicht sagen

Gott ist tot? Das ist nicht mehr als der Untergang des Abendlandes. Schlimm ist, dass die Sprache, die einst Gott begreifen konnte, eingeschrumpft ist, und nicht einmal zum Epitaph ausreicht. Verwelkt und verjubelt ist alles, was da noch von Gott redet. Und Er war doch das Leben, da Er mit diesem belegt, bezeugt, bezahlt werden konnte. Preis und Preisung vermünzten klein, verklangen.
Abraham hieß Er aufbrechen und fortziehen, musste selbst aber doch immer wieder in Erinnerung und also ins Dasein gerufen werden.
Die Stimme von oben verdonnerte, wo bleibt die Stimme, die Gott ins Leben ruft. Es ist aber keine tote Sache, Gott, nur eine tote Rede.
Wen rühmt die Seele noch, die in langer Behandlung allen Jubel verlernte. Tot ist, was von Gott spricht

Ich kann lebendig von Gott sprechen, es ist keine Frage, aber ein musikalisches Problem, das über das Gehör gelöst werden muss, ohne Engel, Chor und Stufengesang. Eine Schar von Scherben, polyphon klirrend. Diese Vorstellung liegt meinen »Variationen über ein verlorenes Thema« zugrunde. Solange ich mir das denken kann, ist das Verlorene da

Credo: Auch meine Gedanken haben ihre Synagogen

Nächte lang, schlaflos widerstehend

Mein Sitz im Leben,
der Stand der Dinge

verwennt,
verabert

Aus der traurigen Nachricht
eine frohe Botschaft gemacht

Ein deutsches Buch, ohne Weih- und Jordanwasser, rhein-jüdisch, nicht antiquiert, psalmodisch. »Gebirge gleiten ins Meer der Schnelligkeiten.« Ewigkeit dauert nicht

CREDO: Den Glauben bringt am besten der Zweifel zum Ausdruck

Bringe ich mich in Erinnerung, stelle ich mich in Frage

Rabbi Sëira hatte beschlossen, Babylon zu verlassen, weil er Luft und Lehre Erez Jisraels einatmen wollte. Dort, dachte er, wären beide, Luft und Lehre reiner und auch er selbst wäre besser auf Herz und Nieren zu prüfen. Was er in Babylon lernte, tief geschürft und weit gesponnen, beschloss er nun, in sich vergessen zu machen. Hundert Fastentage hatte Rabbi Sëira über sich verhängt, da er ins Heilige Land gekommen war, um mit sich Tabula rasa zu machen. Er würde sein Ziel verfehlen, bliebe er auch nur in einer Falte seiner Seele beim Alten! Sein Beten wurde erhört, sein Fasten fruchtete, seine Gedanken bekamen ein neues Gesicht und sein Ansehen wuchs nach und nach. Er selbst war klein, daher sein Name, der sich mit Pünktchen übersetzen ließe

»Es stirbt mit jedem Menschen um so viel mehr, als Bewusstsein von sich selbst und von der Welt in ihm ist; ganz gleichgültig, ob wir andern es ihm zugestehen oder nicht.«

Credo: Nicht weil man unvergesslich ist, bleibt man in Erinnerung

Standhaft ist mehr als beflügelt (Ein Brief)

Lieber Rufus, »unmittelbar unter Gott stehen« lautet das Zielwort Deiner Ezechiel-Predigt, und es ist allerdings ein großzügiges Wort, das sich ins Bild wohl bringen lässt, doch schwerlich einzurahmen. So etwas, fürchte ich, könnte nur ein Jude verstehen, denn nur ein Jude kann es bildlich und wörtlich begreifen, aus jedem Buch-Staben gleichsam, den Gott unmittelbar über ihn gebrochen hat. Wörtlich in seinem Ausmaß und buchstäblich in seiner *gebotenen* Härte – unter Gottes Kommando.

»Sie haben mich schier umgebracht auf Erden; ich aber verlasse Deine *Befehle* nicht.« (Psalm 119,87)

Dieser Psalm zeigt plastisch und drastisch, wie es aussieht, wenn man unmittelbar unter Gott steht.

Was die einzelne Person heiligt, das hält auch die Gemeinschaft zusammen: Mit der Tora steht die Gemeinde unmittelbar unter Gott.

Das erfordert eine unmissverständliche Vorstellung von IHM, die freilich eine erschütternde ist. Um diese bemüht sich Ezechiel, in allen erdenklichen und zu erschauenden Formen.

Und doch: so himmelhoch seine Visionen auch ragen und ihn selbst zwischen Himmel und Erde schweben lassen, damit er zu jenem Einblick gelange, der niemandem vor ihm gewährt wurde, er gewinnt erst dann wieder Boden unter seinen Füßen, als Gott ihn in das Land bringt und vor den Mann hinstellt, dessen *Ansehen wie Erz* und welcher ihm eine Führung durch das neue Jerusalem anbietet. Erst *hier* heißt es: aufpassen! – »siehe und höre fleißig zu und merke auf alles, was ich dir zeigen will!« Für einen Propheten ist das gar nicht so einfach, einem Ezechiel aber gerade recht, war er doch vor allem Priester.

Für die Juden und deren geistige Entwicklung war alles das von großer Tragweite. Paradies – Morija – Exodus – Jerusalem – Exil – das Feld voller Totengebeine, so tief gesunken und doch unweigerlich zur letzten Schlacht gegen Gog hinauf.

Diese Schlacht muss noch geschlagen werden, dafür bürgt das Wort dieses Propheten, der die Totengebeine sah und dass sie wieder lebendig werden.
Wie aber nimmt sich das im Buche dieses Schriftpropheten aus? »Also sollen es um und um 18.000 Ruten sein. Und alsdann soll die Stadt genannt werden: ›*Hier* ist der Herr‹.«
So endet das Buch und ähnlich enden alle großen, entscheidenden biblischen Dramen. Das Drama am Berge Morija endet mit einer großen Verheißung von oben und einer ebenso großen Einsilbigkeit unten:
»Also kehrte Abraham wieder zu seinen Knechten; und sie machten sich auf und zogen miteinander gen Beër-Schewa.« (Genesis 22,19)

Das Jüdische ist auch hier, bei Ezechiel, dass der Glaube nicht nur in den Himmel ragen soll, sondern auch immer *Boden* gewinnen muss, denn er muss auch standhalten. Standhaft ist mehr als beflügelt, auch wiegt der Beständige mehr als der Beschwingte. So will der EWIGE, wie Ezechiel uns sagt, Land und Haus *hier* haben.
Je größer der Glaube, desto scheinloser der Gott. Der Unsichtbare verleiht keinen Schein. Das Heilige, wo immer es vorkommt, wird daran erkannt, dass es ohne Anschein auftritt. Dem Unsichtbaren entspricht das Verborgene: die im Guten gewebte Tat, nicht die wunderliche Wirkung. Der große Gott verlangt keinen großen Glauben. Im Gegenteil: der große Glaube scheitert immer an seiner Unermesslichkeit; ihm gilt nur der durch ihn hochgepriesene Herr; doch je mehr Ihn der Glaube anhimmelt, desto bodenloser wird Sein Reich.
An Gott muss man nicht nur glauben, man muss auf ihn auch gerichtet sein.
Was man von Ihm wissen kann, hat er selber gesagt, und mehr als er sagte, ist weder zu erfahren noch zu wissen. Aber er sagte nicht wenig. Gelernt, im Lichte Seines Angesichts, wäre auch das schon das Leben

CREDO: Was leicht über die Lippen geht, hat sein Gewicht verloren

»Weltspät nach silbernen Ewigkeiten.«

Noch nie lief ein Zeiger
der Stunde nach

»Je mehr die Menschen unter Gott bleiben, desto mehr Kampf, Verwirrung und Schmerz entsteht, desto mehr Leben und Schönheit ergibt sich aber auch; je mehr die Menschen sich Gott entziehen und selbst regieren, desto mehr Ordnung, Erstarrung und Tod.«

»Wir geben dem Leben einen Sinn; also tun wir es auch dem Tode. Und doch kann jeder nur seinem eigenen, in Furcht oder Hoffnung erwarteten Tode so ins Auge schauen, als sähe er darin die Auflösung des Rätsels, die Rechnung, die aufgeht, den Ring, der sich schließt.«

Noch hängt dein Tod zu hoch,
noch kannst du ihn nicht pflücken

Credo: Erst wenn es anhebt zu dämmern, erkennen wir, wie viel Gnade auf uns verschwendet wurde

Ordination

Siehst du dich um,
siehst du dich nicht;
werde umsichtig

»Hier stehe ich auf meiner Wacht«, sagt der Prophet Habakuk. Seine Worte prägen sich dir für immer ein. Mit ihnen erhebst du dich über Amt und Würde bis zum Glockenturm deiner Kirche hinauf. Du schaust dich um und siehst, was ist, und was sich nicht übersehen lässt, wenn man auf seiner Wacht steht und befugt ist, mit den feierlichen Glocken auch Alarm zu schlagen

Was du tun kannst,
ist immer mehr als du tun könntest

Credo: Man ist nicht an sich gut, man ist es nur an anderen

Hiersinn

Im Lebenslauf ist jede Strecke eine vorläufige

In Gottes Namen – Geschehen;
in unserem – Geschichte

Es gibt nur ein Zeichen im Glauben:
die Heiligung des Lebens.
Wer das Heiligtum des Lebens nicht bekennt,
verneint Gott

CREDO: Ich rufe dich, Gott Israels, nicht, um dich in diesem Zeichen zu begrenzen, sondern um mich zu bezeichnen

Trennend ist die nächste Nähe

Wenn der Schöpfer sich mit seinen Werken, mit der Fülle des Geschaffenen rühmt, so will er damit nicht sagen: Geh in die Knie und lerne das Fürchten!
Der Schöpfer sagt: Was Du von mir zu hören bekommst, das sollst Du sehen können

Gott ist der Glaube an Ihn,
und dieser heißt Tora

Gott will, dass man sich mit der Tora beschäftigt, unbekümmert um ihn.
Die Tora ist zuerst ein Buch der Schöpfung und nur zuletzt ein Buch des Glaubens.
Gott verbietet uns Gott. Befolgen wir das Verbot, werden wir heilig und mündig. Das ist schwer zu denken, aber jüdisch gesprochen

Credo: Wäre die Schöpfung nicht, wie sie im Buche steht, es wäre ein Leichtes, die Existenz Gottes zu beweisen

Judentum – der Grundstein des Anstoßes
Oder:
Sinai und Golgatha

»Ihr aber, verhaftet IHM eurem Gott,
lebt, all ihr, heut am Tag. Sieh!«
5. Mose 4,4-5

Geliebt wird der Einzelne, erwählt das Volk. Sinai – und Golgatha. Golgatha ist Trauma, wie einst Morija war. Aber auch Morija verblasste vor bzw. gegen Sinai, obschon der Berg Ort des Tempels wurde, während der Berg Sinai jede Bedeutung einbüßte, ja selbst aus der Geographie verschwand. Es stimmt darum mit der Erwählung nicht. Das Tiefste, das Wahrste und Gültige über die Erwählung steht in Sefer Dewarim (Reden, das fünfte Buch Mose, besonders Kapitel 4).

Und wenn ich schreibe: »Auserwählt – der Ungnade ausgesetzt«, gehört das noch unmittelbar dazu. Erwählt sein hat mit Sich-erwählt-Wähnen nichts zu tun. Alle sind auserwählt, wenn Gott außer Spiel bleibt. Was aber Gott (selbst) sagt, kann ein Mensch nicht behaupten, geschweige denn von sich. Darum steht das Wort Prophet (Nabi) so unerwartet, weil scheinbar unmotiviert und kaum gerechtfertigt, schon bei Abraham; darum gilt Moses als Haupt der Propheten und somit mehr als alle zusammen.

Die Juden sind freilich ohne die Propheten, die Prophetie ohne die Juden kaum vorstellbar; das Judentum aber, in seiner Denk- und Dankbarkeit, wurzelt einzig im Pentateuch, weil darin Prophetie noch Granit ist und nicht Pergament. Ein Stein des Anstoßes, nicht ein Stein der Weisen. Darauf kann man bauen

Credo: Falsche Propheten machen hoffen, nicht glauben

Ofen, Bahre.
Oder:
Choreb und Churban

Im Glauben kann man nicht Fuß fassen. Alle Sicherheit schwankt im Glauben, nicht woanders: das ist seine Festigkeit. Das Festland ist aus Sand und nur dem Ertrinkenden erscheint es fester.
Der Glaube baut auf Sand und auf Wasser, der Himmel ist der Grund

»Es hilft nicht, wenn man schön liest oder hört von Gottes Güte, Liebe usw. Der Mensch kann es nicht glauben, noch über sein Herz bringen, dass er sich darauf verlasse und in den Tod gehe. Darum lernt man den Glauben nicht auf Pölsterlein aus den Büchern, oder durch müßiges Spazierengehen in eine Predigt.
Der Glaube ist des inneren Menschen Gesicht und Gewissheit, die er gewisser weiß, als was vor seinen leiblichen Augen steht, und darum bleibt er auch darauf in Todesnöten. Ja, wenn alle Welt von ihm wiche, so wollte er also glauben.«

Benzion Gottlieb, mein Stiefvater, führte Auschwitz nie als Argument für sich oder gegen Gott an. Er war in Auschwitz und hörte auch dort nicht auf, vor Gott zu stehen; in die Knie ging er nur vor seinen Peinigern

»Denn welcher große Stamm ist, der Götter hätte, ihm nah wie ER unser Gott, wann all zu ihm wir rufen. Jedoch hüte dich, hüte sehr deine Seele, dass du etwa vergäßest der Dinge die deine Augen sahn: Des Tags da du standest vor SEINEM deines Gottes Antlitz am Choreb. Da nahtet ihr, da standet ihr.« (5. Mose 4,7-10)

»Die, welche die Offenbarung wirklich hören, können sie nicht unmittelbar hören wollen: ›Sie sagten zu Mose: sprich du mit uns, und wir wollen hören; nicht spreche mit uns Gott, damit wir nicht sterben‹ (2. Mose 20,16); sie können nicht, um mit eigenen Augen zu sehen, möglichst nahe herantreten wollen, sondern: ›es sah das Volk, da bebten sie und blieben von ferne stehen‹ (ebenda 20,15).«

Auserwählt, die Offenbarung durch Öfen hindurch zu tragen, sind die Juden wieder im Besitz einer einzigen, kostbaren Lehre, um die sie niemand beneiden kann und viele hassen werden

Das Hochgehaltene ist noch immer versunken,
das Heiliggehaltene noch nie.
Rom wie Jerusalem sind aber nur noch
über Auschwitz zu erreichen

Denk, wären wir Juden alle verbrannt worden, es wäre mit uns auch die älteste Erinnerung an Gott gelöscht

»Es hat sich das sinnreiche Wort eines chassidischen Rabbi bewahrheitet, der sagte: Es kommt eine Zeit, da auch der jüdische Seufzer uns enteignet und entjudet wird; er wird allem fremden, nur nicht unserem eigenen Leid gelten.«

Hebräisches Denken ohne Gott ist undenkbar

»Ängstlich, wo sich Wege teilen,
Seh ich zweifeln dich und weilen.«
Conrad Ferdinand Meyer

Mit dem zweiten »es werde« kam die Wiederholung zur Welt und mit ihr das Zitat: Keim und Kern des Denkbaren

Ein ernstes Wort über den Glauben, wenn es ihm entstammt, ist nie vergeblich, und ist doch, weil ohne Entsprechung bleibend, hinausgeworfen. Keine Weitsichtigkeit könnte dabei vorsichtig genug sein. Wohl bin ich überzeugt, aus meinem jüdischen Glauben heraus zu sprechen, doch ist diese Überzeugung im Deutschen kaum begründet, und es bleibt die Frage, ob sie darin einen Grund auch haben könnte. Wie dem auch sei, ich spreche *mich* aus, auf Deutsch und auf dass mir die deutsche Sprache Gehör schenke

»Was mir bei der Arbeit noch schwer fällt: die Zitate spielend zu gewinnen und allen Ernstes für mich einzunehmen. Ich zitiere nur dann, wenn ich es schon besser weiß und auch besser sagen könnte, als die sich mir Anbietenden. ›Das Bessere, das noch lange nicht das Gute, wohl aber sein Abglanz ist, besiegt auch den Widerwilligen.‹ Mir liegt am Übertreffen nichts, das befugt und befähigt mich, andere für mich sprechen zu lassen.«

Nur eines Schöpfers Wort vermag zugleich sinnvoll und ohne Bedeutung zu sein

Es ist leichter, seiner eigenen Gotteserkenntnis treu zu bleiben, als Ihm

Credo: In Erfüllung gehend, verlässt mich meine Hoffnung

Man gibt nicht alle seine Seufzer preis

Der Hebräer hat seine Mündigkeit in Gott und führt Gott, in Gottes Namen, nicht im Munde

Wir sprechen von Gott ohne Sinn, aber doch nicht ohne Not. Not lehrt sprechen, auch von Gott. Wenn es aber nicht die Not ist, die uns von Gott sprechen macht?
Im Hebräischen war es mir schwer, darauf zu erwidern; die Bibel fiel mir ständig ins Wort. Gott stand geschrieben und war durchzublättern, wie einst im Wald, so jetzt im Buch. Wo Luther es mit dem Hebräischen aufnahm, musste nun ein Hebräer, von Israel kommend, sich herausnehmen. Der Glaube begleitete mich von einer Sprache in die andere, und stachelte meinen Mut zum Denken an. Ob mich Gott dabei nicht verlassen hatte? Wie könnte ER aber, ELI-ELI, mich verlassen, der ich doch nicht gekreuzigt wurde?

Das Pathos ist immer von gestern

Der Mensch, auch der dichtende, zeigte sich bereit, die Sprache zu zerschlagen, um der ihr innewohnenden Erinnerung zu entkommen. An dieser Bereitschaft muss nun das, was an Menschenwürde noch erinnert, gemessen werden

Von Gott ist nicht mehr die Rede,
die Sprache nach wie vor

Die deutsche Sprache
kann die Heilige Schrift entbehren,
aber nicht die Lutherbibel.
Ruft die deutsche Sprache nach Gott,
meldet sich ein Jude

»Es ist ja eine Ehre für einen Menschen,
an so hohen Dingen zu verzweifeln.«

Das Volk des Buches,
zerfledert

Wären wir nicht kostbar,
man hätte uns nicht Jahrtausende lang
unter die Lupe genommen

Unter vier Augen,
in vier Buchstaben,
suche ich Gott

»Tröstet, tröstet mein Volk!«
Jesaja 40,1

Ich will das Heilige ins Deutsche bannen, um das Gebrüll wettzumachen, das meine Großmutter Gisela auf dem Weg nach Auschwitz und ins Krematorium um die Ohren hatte. Sie kannte ihren Schiller, und ich besitze ihre Gebetbücher, hebräisch schön gesetzt, ins Deutsche von Wolf Heidenheim, Michael Sachs, Mendel Stern übersetzt, alle in Goldschnitt und mit eingestreuten Tränen. Sie kannte kein Gebetbuch, das nicht durchs Deutsche begleitet und eingestimmt war. Dem Gott Abrahams begegnete sie in deutscher Begleitung. Bis zuletzt, denn die Richtung blieb der Himmel.
Nur stimmte die Übersetzung nicht mehr: עבודת ה' (Awodat ha-Schem) wurde mit *Arbeit macht frei* wiedergegeben

Die Angst der Christen:
Nimmt man die Schuld auf sich,
wird man festgenagelt

Credo: Die deutsche Sprache war der Juden Loreley

Schreibe ich Deutsch, tröste ich die Falschen. Aber die Verantwortung, die ich tragen muss, übernehme ich in der Sprache, die ich schreibe, auch für das Ganze, das in ihr webt und für sie steht.
Ich kann mit meinem Deutsch, im Deutschen, keinen Juden trösten.
Die deutsche Sprache hat ihre Tröstlichkeit eingebüßt; das ist, was man in ihr nicht suchen darf und doch auch suchen muss. Es ist ein schmerzliches, kein vergebliches Suchen, aber ohne Finden

Das göttliche Licht
steht im Schatten der Worte

»Sechsunddreißigmal kommt das Wort ›Licht‹ in den fünf Büchern Mosis vor, und sechsundreißig ist die Zahl der Gerechten, die in jeder Generation leben. Sechsunddreißig Kerzen, wie es auch im fernen Tibet Brauch ist. Sechsunddreißig Teile hat der Talmud, und ebenso viele Stunden leuchtete dem Adam das mystische Licht des Anfangs, ehe es Gott von den Sündern verhüllte und der kommenden Welt vorenthielt.«

Hat man den Grund, braucht man die Ursache nicht

»Ich erwache: noch bin ich bei dir«
Psalm 139,18

Clara von Bodman schreibt:

»Ich war ein wenig betroffen, als Du neulich in einem Brief sagtest: ›Nur was man ganz ist, hat man‹
Es handelte sich um Deine Zugehörigkeit zum Judentum – denn ich bin ja nirgends ganz zugehörig, aber ich habe mich ja nicht willkürlich da hingestellt – an den Rand der Konfession, so wie ich aufgewachsen bin, da meine Eltern sich schon von ihrer Konfession gelöst hatten, nicht weil sie unfromme Menschen gewesen wären, sondern weil sie manches als unecht und verheuchelt empfanden. Und genauso, wie es mir gefügt war, so war ich dann bereit für Manuel, so dass ich jeden seiner Gedanken verstand und wusste, noch eh er ihn aussprach. Er selbst ist ja einmal aus der Kirche ausgetreten. Aber weder er noch ich lebten in einer ›herrenlosen Welt‹.«

Credo: Lebe ich im Glauben, lebe ich in Erinnerung meines Schöpfers

Je weiter von sich weisend, desto näher dran

»Es ist eine Stelle im Wege,
Du kommst darüber nicht weg.«
Theodor Storm

Jeder Glaube ist ebenso ausschließend wie eingemeindend

Die Antworten haben keine andere Quelle als die Fragen

Beunruhigende Fragen verdienen beunruhigende Antworten

Erst wenn alles andere in Frage gestellt ist, lässt sich der Eine außer Frage blicken. Ich kann nur das zitieren, was meinem Judentum auf halbem Weg entgegenkommt. Bin ich aber ganz und gar Jude, dann ist auch alles, was ich sage, und sei es geteilten Wortes, ganz und gar jüdisch. Darauf muss ich mich verlassen können; und solange Gott mich nicht verlässt, bleibt auch das verlässlich

»Wir können qua Juden uns nur in und durch das
Wesen des Judentums vor der Vernunft und dem
Rechte rechtfertigen.«

Credo: Gerät man außer sich, kann man wieder in sich gehen

Fragen müssen begründet, Antworten berechtigt sein

Fragen zielen auf den Sinn,
den sie zu tragen begehren

Noch geht es um den Glauben, noch kreist es nicht um Gott

»[...] ich kann nicht meine Hoffnung und Überzeugung, dass die Christenheit einst sich bekehren wird, in eine Hoffnung für heute und für den Einzelnen umsetzen; denn ich weiß, dass *heute* der Christ, der Christus absagt, dadurch nicht Gott findet, sondern Gott überhaupt verliert. In dieser Beziehung unterscheide ich mich scharf von den meisten Juden heute, die in der liberalprotestantischen Verlegenheit um Christus den Anfang der Bekehrung der Christen sehen.«

Credo: Man antwortet nicht auf eine Frage, man antwortet dem Fragenden

Von der Fragwürdigkeit

Die Frage des Menschen ist auf Antwort angelegt,
sein Fragen – auf Gott hin entworfen

Auf Gottes Antwort hoffen darf nur derjenige, der nicht weniger und nicht anders duldet als Hiob.
Die Antwort Gottes ist in seiner Schöpfung, ist auch im Wesen der Sprache und in dem des Fragens. Je tiefer du fragst, desto lauter wird deine Frage, um so wacher werden deine Sinne.
Aus deiner Frage kehrt sich die dir angemessene Antwort heraus, weil sie in deiner Frage enthalten ist. Wenn du hörst, wie du vernehmbar wirst, findest du Erhörung.
In seinem Elend fordert Hiob Gott zur Antwort auf. Seine Frage wird nicht beantwortet, nur in Frage gestellt.
Deine Frage ist berechtigt, bist du aber berechtigt zu dieser Frage? Indem Hiobs Frage durch Gott selbst in Frage gestellt wird, wird ihm das Recht auf seine Frage noch nicht eingeräumt, doch wird sie unweigerlich in die Fragwürdigkeit gehoben.
Nicht um Antworten geht es hier, sondern um eine bessere, würdigere Einsicht in das Wesen des Fragens.
Die Freunde Hiobs antworten auf das, was nicht gefragt wird.
Sie repräsentieren die Fraglosigkeit ihrer Antworten.
Das Buch Hiob ist die Tragödie der fraglosen Unschuld, die vergebens auf Antwort wartet: weil Unschuld nicht fraglos sein darf und weil auch Unschuld Sprache finden muss

Im Traum fand ich mich angeklagt: ich hätte dem armen Hiob seinen Gott genommen, ja, ich hätte Gott seinen lieben Hiob entrissen. Es war gefährlich, ich fand keinen Verteidiger. Satan war nicht zu sehen, und während ich nach ihm spähte, vernahm ich, schon aufwachend, meine Worte: »Gott nimmt mit mir seinen guten Anfang und mein bitteres Ende.«

Einsam und allein –
ohne Bild und Einbildung

Credo: Im Widerspruch zu meinem Glauben stehen Gott und ich allein

Mit Haut und Haar
und weiter nichts,
die bare Blöße,
gebeugt am Tor zum Dazumal,
und davor zum Zerbrechen
geneigt.
Der du vorübergehst:
Tauche in meine Nacktheit,
wasche dich. Ich schließe
die Nacht zu, wenn du
vorübergehst.
Geh vorüber, Herr meiner
schamlosen Herrlichkeit

Beten ist unerhört

Ferner sagte Rabbi Chija bar Abba im Namen Rabbi Jochanans: Man bete nur in einem Raum, in dem Fenster vorhanden sind.
Berachot 34b

Not lehrt beten – auch den Propheten: zuletzt, aber nicht zuerst. Zuerst waren es die Schiffsleute. Als sich ein großes Ungewitter auf dem Meer erhob, dass man meinte, das Schiff würde zerbrechen, fürchteten sie sich und schrien, ein jeglicher zu seinem Gott. Jona aber schlief; dass er bloß schlafen konnte! Dieser Schlaf beschwor das Ungewitter erst recht herauf. Er musste wachgerufen werden; da sprach er zu ihnen: »Nehmt mich und werft mich ins Meer.« Er kannte seinen Gott, vor ihm wollte er eben fliehen, stand darauf der Tod? Jona wird eher mit ihm gerechnet haben als mit der Bauchgastlichkeit eines großen Fisches.

Die Not also war meeresweit und abgrundtief, da er sprach: nehmt mich und werft mich – und kein Gebet. Drei finstere Tage, drei schlaflose Nächte musste er im Bauch des Fisches, von ihm »Bauch der Hölle« genannt, zubringen, auf dass er höre und begreife, was er verschlafen hatte: »alle deine Wogen und Wellen gingen über mich.«

Also lehrte die Not zuletzt auch den Propheten abgrundtief und gründlich beten. Alle Wogen und Wellen kennen das Gebet des Verzagenden und die großen Fische tragen es im Bauch bis »ans Meer gegen Abend«, damit es nicht ausklinge; denn solange sie das Gebet des Propheten in sich tragen, hat Gott mit ihnen noch etwas vor und lässt sie nicht ausrotten

»Wenn du aber betest, so gehe in dein Kämmerlein
und schließe die Tür zu und bete zu deinem
Vater, der im Verborgenen ist.«
Matthäus 6,6

»Und es begab sich, dass er war an einem Ort und betete. Und da er aufgehört hatte, sprach seiner Jünger einer zu ihm: Herr, lehre uns beten, wie auch Johannes seine Jünger lehrte. Er aber sprach zu ihnen: Wenn ihr betet, so sprecht: … «
Lukas 11,1

Haben wir es hier mit einem dreisten, aufdringlichen Jünger zu tun, der mit einer Anspielung auf Johannes den Meister herausfordern, ihn an eine versäumte, nicht zu versäumende Pflicht gemahnen will? Oder war das Beten Jesu diesmal absichtlich auffällig, damit die Frage nach diesem gestellt und mit einem Gebet sogleich gestillt werde? Was mag wohl dem Jünger ermangelt haben? Brannte es in ihm oder wollte er nur angefeuert werden? Wollte er sein »Meistergebet« oder begehrte er die Unterweisung in das Beten?
Es ist ein Bericht wie zu einem bestellten Anlass, da das Vaterunser fällig wurde; ein Aufhänger. Grund genug, auch gut genug, wie sollte ich mich damit aber zufrieden geben können, zumal die Lutherbibel mir viele Lesarten bietet, eine verlockender als die andere.
Wollte der Jünger also ein Gebet zum Beten, oder wollte er meisterlich vom Meister zum Beten gestimmt werden? War er vielleicht ein Jünger des Täufers gewesen?
Er scheint etwas mehr gewusst zu haben, als wir heute wissen noch je wissen könnten.

Von Johannes jedenfalls wissen wir viel zu wenig. Hat er denn seine Jünger, wie es nahe liegt, in das Beten unterwiesen, oder sollte es ein Täufergebet gegeben haben? Ein intimes, für sich und einige Jünger? Ein weithin bekanntes, für alle, die ihre Umkehr unter seinen Augen antraten?

Auch das wäre nicht von der Hand zu weisen.

Was von alledem mochte der mahnende Jünger angeschnitten und aufgewühlt haben? Auf was von alledem mochte Jesus mit seiner Antwort eingegangen sein?

Genug, die eindringliche Bitte wurde unverzüglich erfüllt. Der Wunsch nach einem Trumpfgebet wurde in einen Triumph des Betens verwandelt. Die Unterweisung ist im Gebet enthalten, das Gebet in der Unterweisung beschlossen. Es sieht so aus, als sollte weiter keine Lehre daraus gezogen werden. Und doch: sollte das Vaterunser uns nicht mehr sagen als dem Vater?

Zum Erfolg des Vaterunsers gehört, dass es die Umstände seines Entstehens vergessen macht. Nach Matthäus wird es in polemischer Glut geschmiedet und wie ein Speer gegen die Heuchler geschleudert, nach Lukas wird es aus der Ergebenheit des Betenden geboren; Jesu neues Gebet entzündet sich an dem gerade von ihm abgeschlossenen und geht so entschieden wie heiter auf: schlank, wohltemperiert, ohne Schlacken, jedes Wort des Aufhebens wert. Ein vollendetes, nicht zu amenisierendes Gebet; ein sich Wort für Wort aufhebendes.

Dieses Gebet ist nicht aus dem Kampf entstanden, vielleicht aber doch im oder als Gegensatz zum Beten?

Wir erinnern uns: die eindringliche Bitte des Jüngers enthielt einen zu überhörenden Satzteil. Dieser wird auch heute noch wie selbstverständlich überhört, obwohl er das betraf, was Jesus nicht überhört haben kann, nämlich, dass er von dem einen Jünger gemahnt und gebeten wurde, ein *Ähnliches und Vergleichbares* zu leisten; dass es dem Jünger also mehr um die Farbe ging als um das Bekenntnis.

Wir lesen: »Herr, lehre uns beten!«
Der Jünger aber sprach: »*wie* auch Johannes seine Jünger lehrte.«
Wer weiß, vielleicht ist das Vaterunser nicht nur ein kostbares Geschenk, sondern auch eine sinnreiche Antwort auf etwas, das wir noch nicht kennen. Denn etwas Frag-würdiges scheint in der geschilderten Szene festgehalten zu sein. Und diese ist eine Kostbarkeit für sich. Nicht des einen großen Wortes wegen allein: »Herr, lehre uns beten!«, das besagt, dass man ins Beten unterwiesen werden muss, es aber auch lernen kann, als vielmehr, dass es gelernt werden will, weil es gebraucht wird.
Was das Vaterunser anlangt, es würde eine Deutung mehr gewiss vertragen können, doch wem sollte diese frommen?
So will ich lieber nichts gesagt haben, und nur für mich und für den Augenblick zwei von allen, nach Luther möglichen Lesarten der anhebenden Antwort festhalten:

Wenn ihr betet, so sprecht …
Wenn *ihr* betet, so sprecht …

»Einst, vor Jahrhunderten, ließ sich eine Stimme hören vom Himmel: ›*Siehe, er betet!*‹ – Und dem Betenden fiel es von den Augen wie Schuppen!«

Das Gebet war schon immer ein Vorbote der mündigwerdenden Sprache

Zuerst sprach Gott zu Abimelech vom Beten. Abimelech hat's verstanden, er muss vom Beten etwas gewusst haben. Das wusste auch Abraham, nicht aber, dass er die Kraft des Betens besitze, mit ihr Macht ausüben könne, dass er erhört würde. Das offenbarte ihm Gott, ihm damit zu verstehen gebend, dass ER das Gebet des Gerechten begehre

Credo: Wehe dem Glauben, der wähnt, Gottes Stütze zu sein

»Es gibt viele Gleichnisse im Evangelium, aber wo sind Gebet, Hymnus und Psalm? Und weshalb nahm Jesus kein einziges Mal die Harfe, die Flöte, die Zither in die Hand und stimmte einen Gesang an? Warum lehrte er die Menschen nicht beten. In dem umfangreichen, immerhin wirklich umfangreichen Evangelium findet sich nur ein einziges Gebet aus sieben Zeilen. Und wie folgerichtig ist es, wie präzis. Das ist Logik und kein Gebet; dieses und jenes wird erwähnt, aber ohne Rührung, ohne ein Jota von Entzücken.
Und wo jener König, der nicht anders konnte, als *unablässig* seinem Gott zu *singen*:
»Wie der Hirsch schreit nach frischem Wasser, so schreit meine Seele, Gott, zu Dir« …
Ein merkwürdiges Verlöschen der Gebetsstimmung.
Wie viel wird nicht in der Apostelgeschichte gereist; aber kaum einer betet, wenn er sich auf den Weg macht; und es betet auch kaum einer, wenn er wohlbehalten von seiner Reise zurückkehrt. Und so viele Sorgen!
»Martha, Martha, du hast viel Sorge und Mühe – komm, setz dich zu den Füßen deines Vaters im Himmel« …
Aber gerade der Vater im Himmel kommt rätselhafterweise niemandem in den Sinn: nur – der *Sohn*, überall der *Sohn,* der an die Stelle des Vaters tritt. Was ist denn nun aber das *Gebet*, wenn nicht eine erschöpfende Beziehung des Menschenkindes zu Gott?«

In den Evangelien gibt es den Kniefall als Tonfall

In der jüdischen Bibel spricht Gott,
in der christlichen Jesus.
Schon der Stimme nach,
sind sie unvereinbar

»Das Christentum ist die Religion des Sohnes, nicht die des Vaters.«

»… er betete, um seine Übereinstimmung (mit dem Vater) zu offenbaren. Auch dieses Beten am Grabe erniedrigt ihn nicht unter seinen Erzeuger. Dass er nicht aus Notwendigkeit betete, kannst du aus seinen eigenen Worten ersehen: »Dies sage ich um der Menge der Juden willen, damit sie glauben, dass du mich gesendet hast.«

Auferstehung:
Entweder bei Gott
oder bei Leibe

Der wachsende Grund,
die schwindende Ursache

Spricht man von Gott,
weiß man nicht, was ein-,
was auszuklammern

Auch Zweifel, die sich
gegen den Glauben richten,
wenden sich an Gott

Der tote Gott hatte schon immer
seinen auferstandenen Propheten

Dem Kommenden
ist sein Eintreffen
ein Verlust

Der Tod will uns lebend haben, nicht tot

Geschrieben ist wie betastet
Oder:
Thomas, der »Zwilling« Genannte

»... dass das ganze Sehen des Glaubens
sich darauf beschränkt, zu erkennen,
dass man nichts sieht.«
Bossuet, Rede über die Weltgeschichte

»Hört man auf, seine Zweifel zu hegen,
ist man im Glauben verstrickt«
Lazarus Trost, Prosartig

Er will sich ihm zeigen, er muss mit ihm sprechen – sehend soll er werden, gesegnet sein. Die andern mögen in ihrem Glauben selig bleiben. Thomas wird ausgezeichnet. Seinetwegen geht Jesus durch die Wand. Sein Unglaube war gehörig, ist ihm nicht zu nehmen und muss geteilt werden mit ihm, wie Frage und Antwort in der Redlichkeit. Ausgesprochen, bekam er den Umfang und das Aussehen einer frag-würdigen Frage. Der Glaube stand im Raum, zum Schneiden dicht. Alle glaubten, dass sie glaubten, außer ihm, der seinen Zweifel hatte, weil er mit allen Sinnen glaubte. Sollte es nun anders geworden sein? Den Sinnen entsagend, dem Glauben folgend?
Die Liebe feierte Auferstehung, das war schon immer ihre Art gewesen. In Wort und Tat hatte sich Jesus gezeigt, jetzt wird er sich in den Taten anderer kundtun.
Nun kam er bei verriegelten Türen herein und sagte zu Thomas:
»Führ deinen Finger her und sieh meine Hände. Und führ deine Hand her und leg sie in meine Seite. Und sei nicht ungläubig, sondern glaubend. [...] Wohl denen, die glauben, auch wenn sie nicht sehen.«

Das war die Rede, und das ist die Antwort: wer zweifelt, bekommt zu sehen; wer fragt, bekommt Bescheid. Es gibt keine andere Aufrichtigkeit als die unwissende. Die Seligen stehen auf einem anderen Blatt, unbeschrieben; auf diesem hier muss aber geschrieben werden, damit geglaubt werden kann.
So war Jesus den Jüngern wieder erschienen, für Thomas aber – den »Zwilling« genannten – wieder auferstanden: mit zu betastenden Wundmalen.
Er verdiente es, nichts versäumt zu haben. Der Schluss der Geschichte bestätigt es:
»Noch viele andere Wunderzeichen tat Jesus vor seinen Jüngern, die nicht in diesem Buch aufgeschrieben sind. Diese aber sind aufgeschrieben, damit ihr glaubt.« (Johannes 20, 30-31)
Hätte Thomas nicht gezweifelt, wäre dies hier nicht geschrieben worden

Leibhaft vor Augen:
ein Bild der Sehnsucht

Auch die Liebe Gottes
ist nur eine Begreiflichkeit

Dem Glauben offenbart ER sich,
dem Zweifel erscheint er

Die Ansehnlichkeit des Scheinbaren

Ein Intermezzo

Ich bediene mich meines
ganzen Sprachvermögens,
um mir mein Leben einzureden.
Ob es mir gelänge,
Gott von seiner Existenz
zu überzeugen?
Sahadutha

Existenzen vertragen keine Evidenzen
Kosal Vanít

Gib deine Versuche auf,
dem Schöpfer zu imponieren
Lazarus Trost

Solange wir warten, ist er im Kommen

Du bist nur eine Spur von Welt
und doch geht sie
mit dir zu Ende

»Frag ich dich, ob du an Gott glaubst, so frage ich dich nicht, ob du den Weg zu Gott kennst. Für den Augenblick sind wir verloren. Wir wollen es ruhig zugeben. Keiner von uns kennt den Weg zu Gott. Der Herr der Zeit und des Raumes ist unserm Gesichtskreis entschwunden. Jesus ist nicht mehr unser Heilsweg. Er *war* der Heiland, und *ist* es nicht mehr. Einstmals war es Mithras, und ist doch nicht Mithras geblieben. Nie *war* es Mithras für *uns*. Gott sendet verschiedene Heilande zu verschiedenen Völkern zu verschiedenen Zeiten. Für den Augenblick gibt es keinen Heiland. Die Juden haben dreitausend Jahre lang gewartet. Sie zogen vor, zu warten.«

Folgtest du mir,
du wärest über den Berg

Credo: Man kann das Warten aufgeben, nicht unterbrechen

Theologia Teutsch
Oder:
Gottik

»Verkündigung wesenhaften Lebensgehaltes, Prophetie,
könnte ohne die Kraft der autonomen Phantasie
überhaupt nicht sein. In phantasieloser Prosa
kann kein religiöser Inhalt festgelegt werden.«
Fritz Medicus

»Man hat nicht mehr Erkenntnis,
als man Sprachvermögen hat.
Auch ein Theologe
ist letzten Endes etwas wert
nur als Schriftsteller.«
Albrecht Fabri

Meine Glaubhaftigkeit ist seine Majestät

Theologisch
käme kein Mensch
auf Gott

Theologie –
die einzige Wissenschaft,
die ihren Gott
nicht kennt

»Die deutsche
Aufklärung
ist immer nur
eine aufgeklärte
Theologie
gewesen.«

Theologisch gesehen,
haben die Dinge keine eigene Logik

Auch die größten Theologen
haben nur ihre Philosophie
über den von Gott gezogenen Himmelsstrich
hinübergeschmuggelt

Über Wunder weiß die Theologie Bescheid,
auf sie keine Antwort

Tritt Psychologie ein, scheidet Theologie aus.
Man hat keine Einsicht in Gott

»Religion ist das Tauwetter des Egoismus. ›Die Religion zu Moral verdünnen‹ ist der alte, immer neue Vorwurf gegen die Aufklärung und ihren edelsten Vertreter, gegen Lessing. Religion ist freilich nicht Moral. Aber wir können dem Menschen nicht ins Herz sehen, wir können ihn nur an seinen Werken prüfen, nur sie legen das Zeugnis ab, ob im Innern die Religion oder die Selbstliebe wohnt. Daher bleibt die Fabel von den drei Ringen ewig wahr.«

Wenn der echte Ring nicht zu erkennen ist, sind alle drei falsch. Also ist die Ringparabel eine Kritik der Echtheit, will sagen: es gibt das Echte nur als Verunsicherung des Falschen oder im Moment dieser Verunsicherung

»Die Moral ist Vorschrift, die Religion die Quelle ihrer Erfüllung und der Balsam, der die Schmerzen über die Lücken dieser Erfüllung lindert und heilt.«

Hätte Gott eine Stimme, wir wären sein Widerhall

Engel sind die Erzählbarkeit Gottes

Die Gott zu sehen glauben,
sind fürs Leben erschüttert
und fürs Erzählen verloren

Es stimmt, was sprachlos macht

Von Gott ist die Liebe,
nicht die Rede von Gott

Eine Theologie,
der kein Psalm zugrunde liegt,
wird die Universität nie verlassen

CREDO: Ist Glaube das Thema, ist von Gott nicht die Rede

Die Propheten prägten uns Gott ein, die Psalmen brachten ihn in Umlauf

Ohne Tora gäbe es kein Judentum, ohne Psalmen könnten die Juden die Tora aber nicht so weit durch die Zeiten tragen.
Die Tora ist das Judentum von oben – vom Sinai, den Moses erst dann besteigen durfte, nachdem er sich vergewissert hatte, das weit und breit niemand, außer ihm, auf dem Berg zu sehen war.
Die Psalmen sind das Judentum von unten, mit dem Blick zu den Bergen hinauf.
Für die Tora bürgt Moses, der Prophet; für die Psalmen, David, der König.
Beide – Hirten, obwohl nur der eine von Haus aus. Der Hirte von Hause aus wurde der König – für immer, für ewig. Der im königlichen Palast aufwuchs – ist der Hirte geworden und geblieben: הרועה הנאמן / haRoeh haNe'eman – der treue Hirte, so wird Moses genannt.
Aber Moses kam nicht aus der Wüste heraus und David lebte mit Gott und der Welt und mit allen Schwächen eines Menschen in der Welt und vor Gott, er kannte die Sünde und bekannte sie, das machte ihn nah und vertraut, weil er die Sprache dafür gefunden hat. Dafür? Der »Jude von unten« lebte im Gefühl, dass die Psalmen über die Sprache für alles, für jeden verfügen, die wirksame, heilende Sprache. Man muss die Psalmen nicht verstehen, um auf deren Geschmack zu kommen. Der Geschmack ist der Sinn: »Schmecket und sehet«. Psalm ist alles, was im Herzen brennt und auf der Zunge zergeht.
Moses ist tot und von Gott begraben, sein Grab bleibt bis heute (das Heute steht schon damals) unbekannt. Er reichte am weitesten nach oben. König David – das hört man noch heute in Jerusalem singen: König David lebt! Nicht der königlichen Vergangenheit, nicht der messianischen Zukunft – der Psalmen wegen, ohne die man nicht wüsste, wie man durchs Leben kommt. המלמד תורה בכל כלי שיר – Mit allen Musikinstrumenten bringt er uns die Tora bei (Hoschana rabba).
Denn Psalmen wirken immer, weil sie schon durch ihre nackte Existenz einem sagen, Gott ist dein Hirte, verzage nicht

Bitterbittgebet
Oder:
Halleluja

»Ich bin kein Beter –
Ich habe mich nie um Hilfe
an jemanden gewandt.
Ich könnte auch nie in die Kirche gehen,
knien und beten, um Liebe.
Nein, aus Überschwang, Überströmen
hätte ich nie beten können.
Mein Denken und Sehen,
mein Schreiben schließt das Gebet aus.
Meine Konfession steht in meinen Werken.
Denn auch das Beichten liegt mir fern.
Ich beichte immer,
und meine Konfession ist Kreation.«
Rudolf Kassner

Beten – Daseinserweiterung

»Gewaltig ist das Gebet,
das Gebet will ich mir geneigt machen,
das Gebet erhält Erde und Himmel.«

Abraham – der erste Mensch, der die Welt ihrer Menschen wegen liebte.
In ihn wurde der Samen des Gebets gelegt, in ihm ging er leuchtend auf. Gott selbst begehrte sein Gebet; und allein seines Gebetes wegen nannte ER ihn ›Prophet‹:
»… denn er ist ein Prophet; lass ihn für dich bitten, so wirst du lebendig bleiben.« (Genesis 20,7)

Beten – unsre einzige, unfehlbare Orientierungsmöglichkeit

Credo: Der Glaube beginnt und endet im Gebet

Gebet – die Kraft aufsteigender Wahrheit

Freude lässt sich teilen, Schmerz nicht, denn er ist einschneidend

Das eigene Gebet – die genaueste Selbstanalyse

»Wenn Luther einen großen Schmerz erfuhr, zog er sich zurück und betete, das heißt, er raste sich aus.«

Leid – unser Platzanweiser in dieser Welt; Schmerz – unser Einführer in die andere

»Zugleich will ich unmissverständlich erklären, dass es mir nicht auf die Darstellung des unproduktiven und auf die Dauer nicht zu ertragenden Schmerzes ankommt, sondern auf die Kristallisierung einer Kraft aus der Welt der Erschütterungen.«

Das Gebet – ein Lauffeuer durch den ganzen Körper

»Meine Seele ist ein Sturzbach, der von den Bergen herabkommt und das Wasser vieler Jahre.«

CREDO: Betend leisten wir unserer Seele Gesellschaft

Erbauliches
Oder:
Das Wesentliche – ein Nichts, wahrgenommen

Du gibst Gott keine Ehre, wenn du ihm die Herrschaft über die Welt nicht zugestehst und einräumst, und er hat keine Herrschaft über die Welt, wenn Du ihn nicht durch deine Taten, mit deinen Händen krönst

Du brauchst nicht zu glauben, nur zuzuhören, wenn Er zu dir spricht

Gott verlangt von dir ein einziges Opfer: deinen Unglauben

»Das kann doch kein Mensch von mir verlangen!«
Eben, das verlangt Gott von dir

Der Glaube führt zu Gott, nicht zur Überzeugung

Es gibt eine seelsorgerliche Sprache, die nicht erbaulich und mit keiner Salbe gesalbt ist, und von dieser Sprache aus lässt sich das Jenseits erblicken

Unkeusch sind auch des Glaubens Einblicke

Das Antlitz hat unter allen Umständen seinen Ausdruck,
aber nur im Gebet – sein Gesicht

Des Gebetes Vorgebot:
Du sollst Gott nicht bestechen

Das Beten verheißt dem Menschen keine Erlösung, offenbart ihm aber seine Erlösbarkeit

Wüsste ich, dass Gott mein Gebet erhört, ich wüsste von ihm schon zuviel, als dass ich zu ihm noch beten könnte

»Ein Gebet darf niemals beantwortet werden: Wenn das geschieht, hört es auf, ein Gebet zu sein und wird eine Korrespondenz.«

Im Gebet steht man nicht vor Gott, sondern stellt sich ihm

Gebet: »Herr, mäßige Dein vielfältiges Tun mit Gelassenheit, auf dass ich mein Werk für Dich in größter Einfachheit vollbringen kann.«

Demut säumt am Saum der Herrlichkeit

Wer sieht die Welt schon gern im Schoße der Natur…

»Die letzten Phasen von Religionslehren brachten eine zu große Erhabenheit des Menschen über der übrigen Natur. Zu der unvermeidlichen Verbundenheit mit ihr müssen wir zurückkehren. Auch nur so können wir die unerhörte Feindschaft von Mensch gegen Mensch umwenden und fruchtbar machen, denn – aus Mangel an eigner Entwicklung liebt der Mensch nicht mehr sich selbst. Es wäre falsch, das bisschen Neigung, sich in irgendeinem Status quo zu erhalten, für Selbstliebe zu halten. Liebe setzt das Wissen von einem andern in sich oder außer sich voraus, und dieses Wissen ist im Menschen nach allen Richtungen abgestorben.«

Denkt man von sich gering, wie soll man von seinem Schöpfer groß denken

Credo: Auch der Schöpfer dieser Welt ist von dieser Welt

Menschlich gesehen, das ist schon göttlich betrachtet

»Allerdings lehrt die Bibel, dass Genialität Demut vor Gott ist, die Fähigkeit nämlich, mit Ausschaltung seines Selbst Gott in sich wirken zu lassen.«

Wenn ich nicht zu Ehren eines Höheren gelebt haben soll, dann lebte ich allein zu meiner Schmach

Credo: »Verworrne Demuth ist das Beten; / Ich will Ihm gegenüber treten, / Beglücken kann mich nur ein Wissen, / Das mein ist und von seinem losgerissen.«

Gebete nützen nicht, wenn sie helfen

Folge ich den Geboten,
komme ich beim Gebieter an

Die Welt,
sagte der Prediger,
ist eine einzige Sonnenblume;
lass mich, Einziger,
sagte der Prediger,
durch die Blume
zu Dir

Was mir mein Gebet gibt?
Die erste Besinnung auf Sprache,
die gottgehörige;
die Gewähr, dass auch ich
ein Wort zu geben habe

»Herr mein Gott, gewähre mir die Gnade, einige schöne Verse zu schreiben, die mir selbst beweisen, dass ich nicht der letzte bin unter den Menschen, dass ich nicht geringer bin als die, die ich verachte!«

Credo: Dem Betenden ist der Glaube kein Problem mehr, dem Gläubigen aber das Beten

Theodor Fontane an Paul Heyse
Berlin, 27. Mai 1886

»Hast Du das schöne ›Gebet‹ gelesen, das man, von ihm selbst herrührend, unter Rankes Papieren gefunden hat?«

Rankes *Gebet aus den achtziger Jahren*:

Wer ist die Kraft,
Die Leben in mir schafft?
Wer giebt Erkenntniß
Und Verständniß?
Wer bewahrt die Seele,
Daß sie nicht fehle?
Allgewaltiger,
Einer und Dreifaltiger,
Du hast mich aus dem Nichts gerufen,
Hier liege ich vor Deines Thrones Stufen!

Weil es nur einen einzigen Gott gibt, geht kein Gebet verloren

»Nah ist ER den ihn Rufenden allen,
allen die ihn rufen in Treuen.«
Psalm 145,18

Jedes Gebet findet seinen Beter, nicht jeder Beter sein Gebet

Es gibt Gebete des Wissens und Gebete der Unwissenheit

Paul Heyse an Theodor Fontane
München, 19. September 1886

»Rankes Gebet habe ich nicht gelesen. Schriftliche Pourparlers mit dem lieben Gott widerstehen mir so sehr, wie sie meiner Stiftsdame gegen das Blut gegangen sein mögen. Von Mund zu Mund, im Glauben und in der Liebe, die im Grunde eins ist!«

Man richtet nicht sein Gebet an Gott,
man richtet sich an Gott im Gebet

Auch Worte der Dichtung sind nur Worte,
und nur im *nur*
unterscheiden sie sich von den anderen

Credo: Ein Wort muss einschlagen wie der Blitz, Himmel und Erde verbindend

Dein Gebet – dein Gnadengesuch

»Leidet jemand unter euch, der bete;
ist jemand guten Mutes, der singe Psalmen.«

Auch das Gebet will erbetet werden

»Und wir erleben ein Großes und Neues: ›Wir beten!‹ Und wenn wir es daheim noch nicht tun, wenn wir zu klug sind – unsere Krieger beten. Sie stört es nicht, daß auch die Feinde beten. Den Kriegern wird eine höhere Weisheit geschenkt. [...] So glüht die Seele unseres Heeres und wird wohlgefällig vor dem großen Weltenmeister.«

Man hofft auf Weisheit, kann aber nur auf Dummheit bauen. Die Sprache der Weisheit belebt die Dummheit, macht sie geheuer

»Rabbi Mendels berühmtester Schüler war Rabbi Jizchak Meir, der ›Rim‹ genannt. Einmal belehrte er seine Schüler: ›Es ist nicht gut, klug zu sein. Ein allzu kluger Mensch hat die Neigung zur Klügelei, die schließlich zum Unglauben führt. Es ist nicht gut, gut zu sein. Ein allzu guter Mensch ist ein Weichling; ein solcher hat vielleicht keinen Hang zum Unglauben, aber er wird leicht zu einem ungebundenen Leben verführt. Es ist auch nicht gut, fromm zu sein. Wer gar zu fromm ist, hat zwar keine Neigung zum Unglauben oder zur Ungebundenheit, aber er denkt sich, daß nur er Gott gebührend dient, während die anderen Leute für nichts stehen, darum hasst er sie. Schließlich wird er ein Schädling aller, ein wirklicher Bösewicht.‹ Die Schüler entsetzten sich über diese Rede. ›Aber‹, fragten sie, ›wie soll denn der Mensch sein, wenn weder der kluge, noch der gute und nicht einmal der fromme Mensch richtig handelt?‹ ›Nun‹, antwortet Rim, ›er soll gleichzeitig klug, gut und fromm sein.‹«

Das bittere Bitten und das Für-

In mein Gebet aufgenommen – auf meine Waage gestellt

Krankheit – ein Zustand der Schuld, gleichviel, ob an andern oder ob an sich selbst schuldig geworden. Dagegen gibt es einen alten jüdischen psychologischen Kniff: »Bekennet einander die Sünden und betet füreinander – damit ihr gesund werdet«. Nur gegenseitig, füreinander lässt sich dieser Zustand einsehen, erörtern, beheben. Für sich beten gilt nicht. Um erhört zu werden, muss das Gebet quer durch die Vernehmlichkeit gehen, laut werden, tontendiert. Wer für seinen Freund, um dessen Aufrichtung betet, wird zuerst erhört.

»Wie kann Gott die langen Demütigungen im Gebet, die unendlichen Wiederholungen des Kultus verlangen? Liebst du nicht einen raschen Gedanken der Erkenntlichkeit, einen Blick, der den, dem du wohlgetan hast, an dich bindet, und verabscheust du nicht die kläglichen Ausdrücke des Dankes? Du bist jedoch nicht Gott.«

»Gibt es aber auch etwas Merkwürdigeres als einen betenden Mann?«

»Selbstverständlich gibt es billige und käufliche Schriftsteller, aber ein wirklicher Schriftsteller spricht im Innersten seines Herzens immer ein stummes Gebet, wenn er auf etwas Gutes stößt, daß ›dieser Bursche besser sein möge, als ich bin‹. Jeder, der eine Seite lebendiger Prosa schreiben kann, trägt etwas zu unserem Leben bei.«

Ob unser Gebet auch wirkte, das können wir nur als Betende wissen, nicht als Hoffende

Goethe nachgebetet

Ein Denken, das glaubt, das Banale umgehen zu müssen, wird am Ende wertlos

»Die letzte Stunde
Löst manchem vom Munde
Das erste Gebet.
Wohl dir, du Armer,
Wenn der Erbarmer
Nicht sagt: Zu spät!«

Die Banalisierung des Geistes findet auf einem immer höheren Niveau statt

»Zuweilen scheint es, als ob heute absolute geistige Gesundheit – absolute Banalität wäre. Es gibt wohl einen Weg zur Religion durch den Wahnsinn, aber sie selbst ist die höchste Vernunft; es gibt einen Weg zur Religion durch die Krankheit, aber sie selbst ist die höchste Gesundheit. Das Wunder der Heilung ist das erste Wunder der Religion. Ehe aber diese Heilung kommt, dürfen wir nicht unsere Krankheit für Gesundheit, unseren Wahnsinn für Prophetentum halten. Lasst uns eingedenk sein, dass, wenn die Prophezeiung spricht, die Propheten schweigen.«

Credo: Was ich für dich tue, tue ich für mich; was ich für Gott tue, tue ich für die Welt

Weil ich gar nichts tun kann, außer beten

»Jedenfalls bin ich sehr traurig und fühle mich unsäglich bedrückt, weil ich – außer beten – gar nichts tun kann, um Ihnen und den Menschen in Israel beizustehen.«
Was heißt, »außer beten gar nichts zu können«? Ist Beten ein schwaches Können? Ein geringes Tun?
Ist Beten schon Resignation?
Sollte es nicht heißen: Ich kann nicht viel tun, aber einiges bewirken, denn ich kann beten

»O Gott! Gib mir Kraft und Resignation!«

Beten braucht kein Alphabet

In memoriam Rufus Flügge

In der Welt des Gebets ist jeder Nutzen ohne Anwendung

Not lehrt beten, immer; was immer auch unter Not und Beten verstanden sein mag. Not lehrt nicht glauben. Der Glaube wird bekannt, bezeugt, gleichviel in welcher Form, mit welchen Worten. Das Beten bekundet sich nicht erst im Gebet und nicht allein in ihm; das Gebet braucht sein Alphabet, das Beten nicht. Beten ertönt aus allen Ecken, hallt in allen Kreaturen nach, umgreift die ersten Seufzer und die letzten Dinge und verlässt auch den Verlassenen nicht.
Nicht jeder kann ein Gebet anstimmen und sprechen, wohl aber weiß jeder ein Lied vom Beten zu singen.
Dem Beten gehören alle Tonleitern und mehrere musikalische Schlüssel. Man könnte einwenden: Das Beten brauche demnach das Gebet so wenig wie der Glaube den (einzigen) Gott. Unumstößlich hingegen scheint der Satz zu sein, dass Not zwar beten, nicht aber glauben lehrt. Wenn dem so ist, dann wäre das Beten ein umfassenderes Phänomen als der Glaube

»… meine Zentrale Überzeugung, wonach der Mensch das liturgische Tier ist.«

»In den Papieren Geymüllers fand ich drei kleine Oktavzettelchen, hastig und ohne jede Korrektur mit Bleistift beschrieben. Man liest darauf folgendes:

›GEBET FÜR MEINEN FREUNDE JACOB BURCKHARDT

Verzeih mir, O Gott, überhaupt, dass ich mir einbilde, dass ich armer H v G. für einen anderen und gar für Jakob B. beten dürfe. Ich habe mich vielleicht noch nie in einem so elenden und unwürdigen Zustande befunden als seit einigen Wochen wegen meines Undankes, wegen meiner Unfähigkeit, mich dankbar gegen Gott zu … wegen der gänzlichen Leere an Liebe zu Gott, die ich in meinem Herzen fühle. Ich bin in einem Zustande, wo ich wie Petrus nach seiner Verleugnung bitterlich weinen möchte und sollte, und ich kann es noch nicht. Wie darf ich in einem solchen Zustande daran denken, für einen anderen zu beten? Statt um Verzeihung für mich selbst, um Bekehrung und Erlösung für mich selbst? Und dennoch möchte ich für meinen Freund beten, dennoch habe ich es versucht, de balbutier quelques paroles d'humilité et d'appel à la Miséricorde, à l'amour de Notre Père, afin qu'il daigne lui accorder des rayons plus nombreux de cette foi en Lui et en Christ, dont nous avons tant besoin – Ist es ein Gefühl der Überhebung, die mich dazu treibt.‹ … «

»Aber mein Auge tränt zu Gott«

Meine Augen fließen und können nicht ablassen;
denn es ist kein Aufhören da
Klagelieder 3,49

»Ferner sagte Rabbi Elazar:
Seit dem Tage, da das Heiligtum zerstört worden ist, sind die Pforten des Gebetes verschlossen, wie es heißt: ›Auch wenn ich schreie und wehklage, verschließt er mein Gebet.‹ Obgleich aber die Pforten des Gebetes verschlossen sind, die Pforten der Tränen sind nicht verschlossen, denn es heißt: ›Erhöre mein Gebet, o Herr, horche auf mein Wehklagen, zu meinen Tränen wirst du ja nicht schweigen‹.«

»Ich habe viel Falsches im Leben getan – das kommt mir jetzt zum Bewusstsein: die Reue. Was ich jetzt noch kann, ist: weinen; ich hab vom Himmel die Gnade des Weinens, und das ist eine große Sache. Nicht viele können, aus ihrer innersten Tiefe heraus, unaufhörlich weinen.«

Erschüttert, an Gott gerührt

»Blutlose Bäume lösen sich in Rauch.
Und Schatten schweben,
wo man Schreie hört.«

Umleitung

[ZyklonA]

»Du hast dich mit einer Wolke bedeckt,
dass kein Gebet hindurchkonnte.«
Klagelieder 3,44

[ZyklonB]

Geschoren
und
schornsteingebetet

»Seitdem«, schrieb ein Überlebender in sein Gebetbuch, »geht kein Gebet über die Lippen zu Gott, geschweige denn wie ›Aschräj‹ über die Lippen. Es gibt keine Lippen mehr, die zu einem Gebet, wie wir es so lange übten, noch passen würden.«

Resonanzboden, umgepflügt

Bei Worten einkehren,
die längst
ausgezogen
sind

Traumraum des Nebenlebens

»… die Wörter um Bilder geschlungen,
als gäbe es keine Ansicht«

Dichter,
die sich ihre Sprache
einreden müssen;
Dichter,
die sich ihre Sprache einbilden,
farbfamos

Der Dichter weckt das Wort,
auf dass es für ihn weiter träume

Der Dichter bestimmt,
was andere betonen

Meine Diktion verwehrt mir die Lehre

Kürze ist hart, sie offenbart zuviel. Also gebe ich zu denken und meine nicht

»... weil meine geistige Verfassung mich daran hindert, meinen Platz unter jenen Leuten zu finden, die aktuelle Gedanken vertreten.«

Wären meine Gedanken meiner Meinung, sie wären keine

»Rabbi Mendel von Kozk war einmal in Prag« auf dem Grab des Hohen Rabbi Löw gewesen, und seit damals war dieser sein Lehrer geworden. Wer die Schriften des Hohen Rabbi Löw kennt, erinnert sich an die Aussprüche Rabbi Mendels. Durch sein Verdienst wurden die Schriften des Hohen Rabbi Löw im Kozker Gebiet mehr studiert als sonst irgendwo. Rabbi Mendel pflegte zu sagen, daß ein richtiger chassidischer Mensch zwei Lehrer haben solle, einen lebenden und einen Toten.«

Reimtückisch tritt die Versuchung an den Dichter heran

»Wenn der Buchstab dich gefangen,
Kannst du nicht zum Geist gelangen.«

»Der Reim ist das große Kriterium.
Der atheistische Existenzialismus
tötet den Reim.
So lang noch ein einziger Reim wirklich wird,
ist das Chaos noch nicht da
und hat der Nihilismus noch nicht gesiegt.«

Den Stab über den Reim brechen,
unverbrüchlich büchlich

Gott kommt nicht auf den Reim
und lässt sich auf ihn nicht bringen

Fragen, die beantwortbar sind;
Fragen, die verantwortlich machen

Plutarch hatte die schönsten Fragen bewegt,
aber auch mobilisiert; er wusste,
wo der Frieden beginnt
und der Krieg kein Ende nimmt:
»Warum Pythja nicht mehr
in Versen antwortet?«

Man kommt nicht sauber ins Reine

»Liebet eure Feinde«
beginnt bei deren Esel

»Man schlägt nicht Brücken,
wenn die Flut vertrocknet ist.«

Wer verstanden werden will,
muss sein Verständnis teilen

»Liebet eure Feinde«:
Nichts erschließt sich dem Willen allein,
es muss ein Widerwillen hinzukommen

Überzeugungen nötigen dem Sinn Bedeutungen auf

Liebe deine Feinde nicht,
lerne sie zu schätzen

Vom Frieden

Rabbi Elazar sagte im Namen Rabbi Chaninas:
Die Schriftgelehrten mehren Frieden in der Welt.
Berachot 64a

»Es ist kein Hader oder Krieg so bös, der nicht in Gottes Namen anfange. In Gottes Namen mit vorgehendem Gebet: Dein Wille geschehe usw., vergib uns unsre Schuld, wie wir vergeben usw., schlagen die Krieger einander tot.«

Wir wollen unseren Frieden haben, gern auch in Frieden ruhn, Frieden muss man aber, will man ihn haben, schließen. Das Friedenschließen empfinden wir indes als eine Art Kapitulation. So kennen wir den Frieden nach wie vor nur als ewigen, den man verschläft oder aus dem man nicht mehr erwacht.

Kaum ein Wort kommt in der Bibel häufiger vor als *Schalom*. Es ist ein Wunsch, ein Segen, ein Traum, ein Abbild himmlischer Herrlichkeit, und der Sinn all dessen, was hier nach einem Sinn lechzt. Würde man das eine Wort aus der Bibel streichen, sie fiele auseinander. Darum ist »Schalom« auch ein hoher Name des Herrn der Heerscharen.

Die Botschaft der Bibel ist eine Friedensbotschaft und die einzig lohnende. Obwohl der Frieden nie das Patriarchenalter erreicht, wusste kein Prophet Höheres und Besseres zu verkündigen.

Es bleibt Verkündigung, muss darum aber nicht in der Zukunft liegen bleiben. Wir können über den Frieden auch noch anders denken.

Als Motto dazu möge der Schlussvers von Psalm 120 dienen: »Ich halte Frieden; aber wenn ich rede, so fangen sie Krieg an.« Die den Krieg haben wollen, bereiten sich auf ihn vor, und solange sie nicht vorbereitet sind, sprechen sie nicht von ihm. Sie wollen ihn machen, nicht bereden. Schweigend vollzogen, ist ein Akt ein Akt; besprochen, wird er zu einem Problem, einem casus belli, zur Quelle einer Neurose.
Es könnte die Klugheit des Psalmisten sein, die uns darauf hinweisen wollte. Wir reden zuviel von dem Frieden, beten zuviel für ihn.
Hebräisch lautet der Vers: Ani Schalom, wechi adaber – hemmah lamilchama. »Ani Schalom« – »Ich bin Friede.«
Das müsste man von sich sagen können, ehe man seinen Mund zum Beten auftut. Das Gebet wäre dann schon eines des Friedens, nicht eines um ihn oder um ihn herum

Frieden gibt es nur dort, wo Menschen nicht allein gegen den Krieg, sondern auch gegen das Siegen sind

Groß ist der Frieden, um den man nicht beten muss

»Wir beteten hinter dem Propheten und sagten (beim Glaubensbekenntnis): ›Frieden komme über Gott!‹ Da sprach der Prophet: ›*Gott ist der Friede*‹ [also kann ihm nicht erst angewünscht werden]. Saget vielmehr: ›die Grüsse und Gebete und alles Gute gebühren Gott; Friede über Dich, o Prophet, und das Erbarmen Gottes und seine Segnungen; Friede über uns und die frommen Diener Gottes usw.‹«

Kriege werden immer geführt, nicht immer ausgeführt

Credo: Alle Siege werden davongetragen

Es kommt die Zeit, da auch David verrückt spielen muss

»Gehör, Gesicht, Gefühl, Geschmack,
sie halten nicht zusammen mehr.«

»Wer das Wort verachtet, muss ihm dafür haften, wer aber Scheu vor dem Gebot hat, empfängt seinen Lohn« (Sprüche 13,13, Übers. Adolf Kamphausen)

»Verachtet«, bezieht der Midrasch auf David, der Gott vorgeworfen haben soll, die Verrückten geschaffen zu haben, die der Welt weder Freude noch Nutzen bringen. –
Sei nicht voreilig mit Deiner Rede, sagte Gott, Du wirst ihren Nutzen noch erfahren, wenn Du selbst einmal verrückt spielen musst. Und das musste er, vor Saul fliehend zu Achisch, dem König von Gat, dem Philister. Wissend, was ihm droht, verstellte David seine Gebärde, stieß sich an die Tür am Tor und ließ seinen Geifer in den Bart fließen. Als er vor den König gezerrt wurde, sprach dieser: ihr sehet, dass der Mann unsinnig ist, warum habt ihr ihn zu mir gebracht? Habe ich der Unsinnigen zu wenig …?« (1. Samuel 21,11-16)
Die Zeit war gekommen, da David verrückt spielen musste, Sinn und Unsinn gleichsam schätzen lernte

Der das Hohelied dichtete, durfte den Tempel erbauen; die Psalmen reichten dazu nicht aus. Auch steht von David nicht, daß er Gott liebte. Salomo aber liebte Gott buchstäblich, das ist wörtlich nachzulesen (1. Könige 3,3)

Was soll man vom Frieden denken?
Jesaja 39, 2-8

»Zu der Zeit sandte Merodach-Baladan, der Sohn Baladans, König zu Babel, Briefe und Geschenke an Hiskija; denn er hatte gehört, dass er krank gewesen und wieder stark geworden wäre. Des freute sich Hiskija und zeigte ihnen das Schatzhaus […] und alle Schätze, die er hatte. Nichts war, das ihnen Hiskija nicht zeigte in seinem Hause und in seiner Herrschaft. Da kam der Prophet Jesaja zum König Hiskija und sprach zu ihm: Was sagen diese Männer, und woher kommen sie zu dir? Hiskija sprach: Sie kommen von Ferne zu mir, nämlich von Babel. Er aber sprach: Was haben sie in deinem Haus gesehen? Hiskija sprach: Alles, was in meinem Hause ist, haben sie gesehen, und ist nichts, das ich ihnen nicht hätte gezeigt in meinen Schätzen. Und Jesaja sprach zu Hiskija: Höre das Wort des Herrn Zebaoth: Siehe, es kommt die Zeit, da alles, was in deinem Hause ist und was deine Väter gesammelt haben bis auf diesen Tag, wird gen Babel gebracht werden, dass nichts bleiben wird, spricht der Herr. Dazu werden sie von deinen Kindern, die von dir kommen werden und du zeugen wirst, nehmen, dass sie müssen Kämmerer sein am Hofe des Königs zu Babel.
Und Hiskija sprach zu Jesaja: Das Wort des Herrn ist gut, das du sagst, es sei nur Friede und Treue – Schalom weEmet – solange ich lebe.« (Jesaja 39, 2-8)
Ist das eine Friedensperspektive? Hiskija versteht, dass er falsch gehandelt hat, aber er bleibt fest in der Überzeugung, man müsse riskieren, um Frieden und Treue zu erhalten. Wenn die Folgen aber so schwer sind, wie Jesaja ihm voraussagt?

Er ließ sich voraussagen und sagen, aber nicht bewegen. Gott regiert die Welt, der König sein Volk, und dies nur, solange er lebt. Friede und Treue reichen fürs Leben aus, wenn das nur wäre! Es war ein Wunsch, ein heißer, die Treue offenbarend, die niemand missachten darf und jeder missbrauchen kann. Ich bin das Risiko eingegangen, ich sehe mein Verfehlen ein, nun lass Frieden und Treue bestehen, solange ich lebe.

Hiskija reagiert auf seine Verfehlung gelassen, aber er spricht doch aus, was er meint: Ich kann dem Ewigen dienen, nicht kann ich in Ewigkeit handeln. Der Ewige regiere die Ewigkeit, mir lasse er die Weltzeit, den Lebtag in Frieden und Treue. Schalom ist wie Zebaot ein Name Gottes und zuviel verlangt

Treffend – todsicher

Alles Treffliche geht nicht darüber hinaus

Vortrefflich ist man,
solange man nicht schießt

Nur das Richtige kann man
falsch getan haben

»Keine Woge Sehnsucht
unruht mehr im Raum.«

Steinhaufen des Zeugnisses
Oder:
Möglichkeiten einer jüdischen Lesart

»Dichter sind es, die die Epochen
und die Gefühle der Epochen schaffen.«
Hugo von Hofmannsthal

»Mit Gott auf Biegen oder Brechen,
mit dem Judentum auf Gedeih und Verderb,
mit meiner Dichtung durch dick und dünn.«
Paul Koppel

»Er konnte und wollte nicht sehen,
dass es jene fabelhaften Zeiten,
in denen der Poet alles war
und den Völkern ihr Schicksal wies,
streng genommen niemals gegeben hat.«
Karl Vossler

»Gott, Natur und Vernunft haben eine so innige Beziehung auf einander, wie Licht, Auge und alles, was jenes diesem offenbart, oder wie Mittelpunkt, Radius und Peripherie jedes gegebenen Cirkels, oder wie Autor, Buch und Leser. Wo liegt aber das Räthsel des Buches? In seiner Sprache oder in seinem Inhalt? Im Plan des Urhebers oder im Geist des Auslegers?«
Johann Georg Hamann

»Für den Theologen zwar ein nothwendiges Mittel, wenn er seine Wissenschaft ergründen will, und den Gedanken fassen kann: daß ohne Kenntniß der biblischen Ursprachen, Fanatismus und Aberglaube, die stets vor den Thoren der Theologie stehen, schnurstracks einbrechen, das eigentliche Glück des Menschen stören, und ihn mit Angst und Unsinn erfüllen.«
Werner Carl Ludwig Ziegler

»Es ist notwendig, das Judentum zu etwas absolut Gegenwärtigem, Gewaltbringendem zu machen, das vollkommen neue, in der Vergangenheit noch niemals aufgetretene Inhalte aufweist und doch diese Inhalte nicht zu konstruieren, sondern sie in dem dokumentierten Judentum zu sehen, ohne sich zu betrügen.«
Erich Unger

Das Erstaunliche ist nicht erheblich

Es ist nicht so, dass der eine reden muss, damit der andere schreiben kann. Einer muß schreiben, ob Sokrates oder Plato. So kommt die mündliche Überlieferung in das Buch. Was nicht geschrieben steht, steht nicht. Aber nicht alles, was man liest, steht auch geschrieben. So wie man zu wissen glaubt, meint man auch, gelesen zu haben. Der Leser hat sein Augenglück, den Blick fürs Mündliche

»An uns sollt ihr lernen: Nicht über das hinaus, was geschrieben ist. Denn wer gibt Dir Vorrang? Was hast du, das du nicht empfangen hast? Wenn du es aber empfangen hast, was rühmst du dich, als hättest du nicht empfangen?«

Auch das Selbstverständliche geht aus einer Deutung hervor

»Es gibt viele Lesende, doch wenige Leser. Um ein Buch richtig zu lesen, muss man es mit dem Autor neu schreiben.«

Betrachtungsweisen veralten, die älteren taugen für das Neuere nicht, aber dem Alten bleiben sie dennoch angemessen. Zwar schließen sie das alte Schloss nicht mehr auf, aber sie passen hinein. Das ist das Problem alter Poesie. Die passenden Schlüssel sind die verrosteten, so müssen wir das Schloss aufbrechen, um eintreten zu können. Aber das Reich, in das wir eingebrochen sind, werden wir nie betreten haben

Alle Deutungen, auch die ganz falschen, hinterlassen einen Zeigefinger

»Stets neu ist die Erfahrung, wäre es auch die alte.«

Zum Gehalt eines Worts gehört die Dauer, in der es gehalten wird

Kein Grund ist abgrundtief

Alle Dinge
haben ihren Grund,
der Mensch allein
sein Dasein

Gott hatte sich mit seinem Wort der Sprache entzogen

Mit der Interpretation eines heiligen Grundtextes übernimmt man die ganze Verantwortung dafür.
Dreimal, in drei verschiedenen Formen, begegnete uns diese ›Verantwortung vom heiligen Grundtext her‹ im zwanzigsten Jahrhundert, alle Male auf deutschem Boden: in Buber / Rosenzweigs Eindeutschung des Urlauts, in Benno Jacobs Kommentar zur Genesis, in Oskar Goldbergs Einleitung in das System des Pentateuch.
Alle haben sie damit die Verantwortung für das Ganze, auch ihres Volkes, übernommen, jeder aus einem anderen Beweggrund, jeder darum in eine andere Richtung weisend. Allen Richtungen wurde das Ziel genommen

Die Bibel spricht noch immer wie Gott. Wer könnte aber auf Deutsch noch sprechen: »Tröstet, tröstet mein Volk«

Blitze erhellen, sie beleuchten nicht

»… aber das Dunkel der Urzeiten, die ersten und ältesten Verhältnisse im göttlichen Wesen selbst beleuchten nur die einzelnen Blitze, die aus der Wolke des Alten Testaments fahren.«

Ursprung heißt der Mythos vom Anfang. Nur Gott kann mit dem Anfang beginnen, mit dem Beginn anfangen. Die biblische Schöpfungsgeschichte spricht von diesem Beginnen, nicht vom Ursprung

»Das Volk Israel dagegen war jung, und Gott ging vor ihnen her in einer Wolke bei Tag und im Feuer bei Nacht. Aus ihrer Mitte gingen Helden hervor: Sterne der Menschheit, leuchtende Vorbilder. Bedenkt man, was für gewaltige Reiche es im Orient gegeben hat, so staunt man, wie sie spurlos verschwanden, und wie das kleine Volk Israel unsterblich lebendig ist, durch das Wort, das in ihnen Fleisch ward.«

»Menscheit und Individuen sind die zwey ewig sich entgegengesetzten Pole, wie Punkt und Raum. Die Idee der Menschheit lässt sich so wenig aus Individuen zusammensetzen, als der Raum aus Punkten.«

Man zitiert nicht das Buch, sondern seinen Autor. Darum kann man die Bibel nicht zitieren. Das heißt mit anderen Worten: »Im Anfang war das Wort.«

Synonyme lehren uns, dass kein Wort Stellvertreter duldet: Es wird nicht Fleisch

»Nicht die Priorität der Ideen steht hier in Frage, sondern die Tatsache, dass ein Volk gleichsam zur Funktion des Wartens der ganzen Menschheit auf eine Geistesoffenbarung, die noch bevorsteht, geworden ist und sich als ein Volk mit so eigener Aufgabe im Ringen um sein Schicksal betrachtet.«

Urwüchsige Gedanken pflanzen sich nicht fort

» – ›Auge um Auge, Zahn um Zahn‹ – das wissen alle; daran aber denkt niemand: ›Wenn du auf dem Wege findest ein Vogelnest mit Jungen oder mit Eiern und dass die Mutter auf den Jungen oder den Eiern sitzt, so sollst du nicht die Mutter mit den Jungen nehmen‹
(5. Mose 22,6)
Darin sind aber schon die Vögel des heiligen Franziskus enthalten und das ganze Christentum.«

Nur der darf sich auf die Bibel berufen, der sich ganz auf sie, der sich ganz aus ihr bezieht

Stockrollend
Oder:
Man ist im Bilde, bis man aus dem Rahmen fällt

»Jüdische und christliche Theologie sind nicht, wie Renans Phrase geht – parallellaufende, sondern gerade völlig divergierende, wenn überhaupt das Bild richtig ist, da der *jüdische Geist des Talmuds* sucht und stockt, der *Geist des christlichen Glaubens* gefunden hat und rollt.«

Quellenwert hat nur das Fließende

Wer an Wunder nicht glaubt,
bewundert auch nicht

Vor Gott keinen Doppelpunkt,
nach Ihm kein Ausrufezeichen

Es sucht ein jeder, seinen Gott
in Sicherheit zu bringen

Credo: Lass dich begeisten und bewundere nicht

»Es laufen zu viele Ursachen herum«

Die Bibel stellt Gegensätze nicht als Grundfremde dar, sondern personifiziert sie in Geschwisterpaaren: Kajin und Abel, Jakob und Esau

»In der Bibel ist die Rückkehr zum Guten der Unschuld vorgezogen, und das ist gerecht, denn das Leben ist ein Kampf, die Unschuld aber kein Sieg.«

Alles hat seinen Grund und jeder Grund seine Bodenlosigkeit, die das Ergründen erst ermöglicht

»Allein wie schwer es überhaupt sein mag, die schöpferisch gesetzte Aufgabe eines Volkes oder eines Menschen richtig zu erkennen, so leicht ist es, von der besonderen Aufgabe des Volkes Israel zu reden. Denn darin unterscheidet sich dieses Volk von anderen, dass in seiner Mitte klar ausgesprochen worden ist, worin seine Gabe und Aufgabe bestehe. Das Wort Jesu: »Das Heil kommt von den Juden« (Joh. 4,22) fasst die zahllosen Aussprüche in Gesetz und Propheten zusammen, in denen gesagt wird, dass von Israel die religiöse Wahrheit ausgehen soll, welche sämtliche Völker der Erde erleuchten und segnen wird.«

»Die *Envidia* (der Neid) ist die *kainitische* Sünde, die Sünde Kains, die Sünde Judas Ischariots und, nach Dante, auch die des Brutus und Cassius. Denn Kain tötete Abel nicht aus wirtschaftlichem Konkurrenzneid, sondern weil er ihn wegen der Gnade und des Wohlgefallens beneidete, das er vor Gott fand. Und auch Judas verriet den Meister nicht um der 30 Silberlinge willen … «

Neid, wo immer er aufkommt, hat seinen sichtbaren, greifbaren Grund; Eifersucht hat keinen sichtbaren Grund und bleibt darum unbegreiflich. Sie besteht in der Verblendung und wütet meist auch blind um sich.

Gegen Vorzüge eines andern ist man wehrlos; machen sie sich merkbar, ist Demütigung ihre Folge; sind Entsagung oder Totschlag ihr Resultat.

»Liebe ist stark wie der Tod, ihr Eifer fest wie die Hölle.« (Hohelied 8,6)

Vorteile kann man sich erwerben, Vorzüge werden einem zuteil.

Vorteile sind nie verbürgt und kennen keine Dauer; die schönsten können im Nu in Nachteile umschlagen. Neid gilt den Vorteilen, Eifersucht den Vorzügen.

Kajin und Abel – keiner der beiden hatte Vorteile, doch hatte einer den Vorzug, und damit war sein Schicksal besiegelt

Wenn Du nicht Hüter bist, wirst du kein Bruder sein

»Wo ist Abel, dein Bruder«, fragte Gott, und Kajin antwortete:
»bin ich der Hüter meines Bruders?« (Genesis 4,9)
Den Namen »Abel« konnte er nicht mehr in seinem Mund halten,
nicht über seine Lippen gehen lassen

»Wo ist Abel, dein Bruder«
Das ist keine Steigerung, sondern ein Themenwechsel.
Erst mit Kajins »bin ich denn …? « und die darauf folgende Antwort,
gibt es die Brüderlichkeit: eingesehen und ausgetragen

»Wo ist Abel, dein Bruder« –
Wo Abel ist, das weiß ich,
was soll aber Deine Frage
nach dem Bruder,
bin ich denn sein Hüter

Das war ihm neu,
wie sollte er das verstehen;
setzte er mit seiner Tat kein Ende;
trat er mit ihr eben erst
in seine Erscheinung?

Du erinnerst an Abel
und wirst nie aufhören,
an ihn zu erinnern.
Das ist dein Fluch,
ist auch dein Lohn.
Würdest du nicht stöhnend staunen:
»bin ich denn Hüter meines Bruders«
es gäbe diese Frage nicht

Und Abel?

Wie ein Windhauch ging er durch den Morgen, über die junge Erde, und ward weder von Gott noch von seinem Bruder je wieder genannt. Seine Mutter aber setzte ihm ein lebendiges Denkmal: »und sie gebar einen Sohn und nannte seinen Namen Schet; denn: gewährt hat mir Gott anderen Samen anstatt Hewel / Abel, weil ihn Kajin erschlagen hat.« (Genesis 4,25)
Schet aber erinnert selbst nicht mehr, er spielt keine Rolle, er besiegelt.
Das Neue begann erst mit seinem Sohn, Enosch: »Damals wurde begonnen zu benennen mit dem Namen des Ewigen.«
(Genesis 4,26)
Das war ein neues Bedürfnis, gleichsam eine neue Erkenntnis: man sollte nicht mehr auf Gefallen und Gnade angewiesen sein.
Es wird lange von Opfern nicht mehr die Rede sein

Credo: Der Gemordete ist immer der Nächste gewesen

»Es gibt keinen letzten Kuß«

Hat der Hahn dreimal gekräht,
ist der Verrat vollendet

Judas' Kuss war der eines Getreuen und Geliebten. Jesus wehrte ihn nicht ab, erkannte er doch das Rot, das Judas Lippen färbte.
Indes wäre Judas' Tat ohne Bedeutung, hinge sie nicht am Kuss.
Wer nicht küssen kann, wird den Judas (in sich) nicht verstehen; wer den Judas aber versteht, wird darum den Wunsch nicht aufgeben, ein Geküsster zu sein.
Die Idee des Verrats ist eine aus dem Kuss geborene; aber unser »ganzes Leben wird nur gewonnen, wo wir auch das noch aufnehmen, was uns vernichtet.«

Opfer
Oder:
Glauben, mit sich selbst herausrücken

Man bringt seine Opfer dar,
um seine Taten zu sühnen,
nicht um an sie erinnert zu werden

Das grobschlächtige Verbrechen des Mordens wird durch die Bezeichnung *Opfer* zur frevlerischen Tat, zu einer himmelschreienden Blasphemie. Mit Opfer werden die mildernden Umstände, die man sich im Nachhinein sehnlich wünscht, hervorgezaubert, durch ihre Benennung legitimiert. Dass eine blutrünstige Mordtat Gott vom Menschen abschlägt, Himmel und Erde auseinandertreibt, sollen eben die Opfer verdecken, die eine Welt als Altar suggerieren, zu dem Opfer wie Opfernde gehören, damit zu verstehen gebend, es sei vorgesehen und vorgeschrieben und geschehe vor dem Herrn, der seine Opfer, die er liebt, haben will, und darum auch die Opfernden schätzt, die sie ihm hinaufschicken.
An der Bezeichnung Opfer ist etwas Verdammtes, das einem Verdammten in uns entsprechen muss, denn Opfer werden immer gutgeheißen

Maske – ein Gesicht mehr, ein Antlitz weniger

Der Glaube an sich ist nicht der Glaube an Gott

Sehnsucht lässt auch das Gesichtslose in Sicht treten

Auch die Welt des Scheins hat ihre Heiligen

Der Tanz um das goldene Kalb – das in Ekstase geratene ästhetische Verlangen nach Gott

»Wie Ödipus Israel in Hellas, so ist das Goldene Kalb Hellas in Israel – es meint nicht die Verführung des Mammon, sondern die des mythischen Gottes.
Die Welt Israels – hier sind Ankunft oder Fernbleiben des schönen Gottes sinnlose Kategorien. Wir hatten das Schöne als den Ersatz des väterlichen, sich offenbarenden Du beschrieben – die Begegnung mit ihm ist enttäuschter Liebesbezug, das Ereignis eine nicht erwiesene Treue. Diese aber, deren Abwesenheit das Wesen des Schönen ausmacht, ist Standort Israels, das, da ihm das Eigentliche und Echte, der Bund, immer wieder vernehmlich angeboten wird, nach dem Surrogat, dem Schönen nämlich, nicht zu greifen braucht. In Israel ist das Schöne überflüssig.«

Den Stein der Weisen haben auch sie nicht gefunden, aber sie stießen auf Gott und entdeckten das Überall

Credo: Auf dem Weg zu Gott verliert man seinen Glauben; so bleibt man auf dem Weg

Synagoga und Ekklesia
Oder:
Soll aus einer Lehre auch noch die Lehre gezogen werden

[Motto]
»Steh früh auf, Martha; besorge still den Haushalt. Bereite das Haus für den Meister und für den Abend, der auch ein guter Meister ist. Aber sprich nicht so laut, und vor allem: Wenn du leise deine weise, nützliche, saure Stimme erhebst, halte dich nicht für die, die man liebt. Du bist nicht Maria. «

[Luther-Text]
Es begab sich aber, da sie weitergezogen, kam er in ein Dorf. Da war eine Frau mit Namen Martha, die nahm ihn auf in ihr Haus. Und sie hatte eine Schwester, die hieß Maria; die setzte sich zu Jesu Füßen und hörte seiner Rede zu. Martha aber machte sich viel zu schaffen, um zu dienen. Und sie trat hinzu und sprach: »Herr, fragst du nicht danach, dass mich meine Schwester lässt allein dienen? Sag ihr doch, dass sie es auch angreife!« Der Herr aber antwortete und sprach zu ihr: »Martha, Martha, du hast viel Sorgen und Mühe. Eins aber ist not: Maria hat das gute Teil erwählt; das soll nicht von ihr genommen werden.« (Lukas 10, 38-42)

[Kommentar]

Jeder verdient alle Aufmerksamkeit, die er braucht, wenn er unser Haus betreten hat. Manch einer kommt auch nur, um uns auf etwas in uns oder bei uns aufmerksam zu machen. Auch dem muss freilich erst etwas vorgesetzt werden, damit er sich stärke und auf dass er von Herzen gern spräche. Wenn einer kommt, so hat er einen Weg zurückgelegt, er soll aber auch unterwegs zu uns gewesen sein. Ob er das war, ist nicht an den ihn tragenden Füßen, sondern ganz in unserer Hand. Wir können ihn gut bewirtet haben und er bei uns doch nicht gewesen sein. Es genügt nicht, dass einer bei uns eintrifft, er muss bei uns auch ankommen.

Tritt ein Gast in unser Haus ein und lässt sich unter uns nieder, so möge alle Geschäftigkeit um ihn augenblicklich aufhören, sonst besteht die Gefahr, er könnte freundlich unerhört und weidlich übersehen werden.

Solange wir ihm zuhören, können wir ihn nicht aus den Augen verlieren

[Predigt]
Von Maria wissen wir, dass sie zu Jesu Füßen saß und dass er von ihr sagte, sie habe das gute Teil erwählt; von Martha aber vernehmen wir, was Jesus zu ihr gesprochen hat, denn zu ihr hatte er gesprochen: Martha, Martha!
Es klingt mitleidig, wie »arme Martha«, wie Bedauern, oder doch wie liebe, doppelt liebe Martha: Es geht nicht um dich und sie, sondern um die Wahl – Maria hat das gute Teil erwählt, das soll von ihr nicht genommen werden. Dein ist die hilfreiche Hand, ihrer das geneigte Gehör. Dass du dies nun aus meinem Mund vernimmst, sichert dir die Erinnerung, die du verdrossen wie redlich verdienst. Du nahmst mich auf in dein Haus, du wirst in das Buch aufgenommen. Wir sprechen zu einander, während Maria lauscht

»Jetzt such ich wieder zwischen Tagen, Tieren,
Gestein und Lärm vergeblich deine Spur.
Jetzt weiß ich auch: ich musste dich verlieren …
Ich fand dich nicht – dein Name war es nur.«

[Martha]
Bist du im Ganzen aufteilbar,
bist du teilbar im Ganzen.
Du bist, wie ich, nicht gänzlich ganz.
Wie teilst du dich denn auf,
wie teilst du dich denn mit,
dass Teile ihren Sinn behalten
und du das gute Teil erwählst

Wer Mitleid erweckt,
sorgt immerhin für eine Erweckung

Da hörte Gott mit allem Anfang auf
und es ward Beginnen

Der Schabbat war die Lichtquelle der Schöpfung, und er bleibt Lichtpunkt und Ziel aller Tage.

Er wurde nicht hervorgerufen und trat nicht aus Nacht und Nebel hervor, ja, er erschien auch nicht in Begleitung des Abends. Er stand im Glanz als Zeuge und Bürge aller Tage und Werke, die Gott im Anfang und mit ihm vollbrachte. Der Anfang war eben selbst auch ein Werkzeug Gottes. Wir haben nur das Beginnen und das Immer-von-vorn.

Und Gott ließ sich am siebenten Tag nieder und hielt den Schabbat, heiligte ihn, feierte ihn, wie es sich nach sechs, aus dem Chaos gestampften, runden, randvollen Tagen gehört.

Die Woche wird erst noch kommen und wird, von einem Abglanz des siebenten Tages begleitet, der Beginn sein.

Der Schöpfer ist unerschöpflich, aber zur Schöpfung gehört ein Schabbat, ein Aufhören, das eine Aufgabe ist und kein Unterbrechen. Auch das mangelhaft Vollbrachte wird am Schabbat und durch ihn zur Vollendung erhoben. Die ersten, so beredten Tage, brauchten ihr Amen, und das war der Schabbat. Und ER – sechs Tage war er Schöpfer und Bildner, am siebenten – Vorbild. Wie könnten wir auch je vergessen, dass den ersten Schabbat der Schöpfer selbst geheiligt und gehalten hatte.

Der heilige Tag ist unsere Ahnung vom Heil.

Und da es keinen Schabbat ohne Orea'ch (einen Gast) gibt, lud Gott Adam zu sich, an seiner reichen Schabbattafel Platz zu nehmen, und Er redete mit ihm Tora, denn eben sie lag der Schöpfung als Plan zugrunde – auf Gedeih und Verderb, auf Biegen oder Brechen.

Und Adam, in den Glanz des siebenten Tages tauchend, ließ mit sich reden, denn die Angst seines Herzens wie sein Begehren waren noch nicht geboren, noch war seine Furcht ohne Zittern.
Da stimmte Adam den Psalm 92 an – »Ein Lied auf den Schabbattag. Das ist ein köstlich Ding, dem Herrn danken und lobsingen deinem Namen, Du Höchster. Denn, Herr, du lässest mich fröhlich singen von Deinen Werken, und ich rühme die Taten deiner Hände. Herr, wie sind deine Werke so groß, Deine Planungen so tief. Ein Dummer nur kann's nicht erkennen, ein Narr dies nicht merken. «
Mit diesem Lobgesang füllte der siebente Tag alle sieben Himmel aus, sank dann zur Erde herab und breitete sich, wie ein erstes Erbarmen, über sie aus.
Nun wussten sie, Adam und Eva, wie der Schabbat zu heiligen sei, da wurden die Schöpfung zur Welt und die sieben Tage der Schöpfung zur Woche.
Es steht: Uwajom haschwii – und am siebenten Tag – schawat wajinafasch. Schawat – hörte mit Werk und Wirken auf; wajinafasch – kam zu sich, trat in Seelenseligkeit ein. Nefesch – Seele. Nach den Werktagen muss man zur Ruhe, aber auch zu sich kommen. Schabbat ist die Ortszeit der Seelenruhe, und nur dann zu finden, wenn man von Werk zu Werk gegangen und von Tag zu Tag gestiegen ist – bis zum siebenten hinauf. Auch die Tage selbst sind, dank des Schabbats, ein Stufengesang

In abstumpfender Fremde, die Schafe seines Schwiegervaters, des listreichen Aramäers hütend, in Engschaft, bedrängt durch ihm widerstrebende Sitten; sein einzig Glück – sein Kindersegen, er vergäße sonst seine Zunge und dass er Hüter eines kostbaren Guts sei: von Ruben bis Joseph brachte er ihnen das hebräische Flötenspiel bei. So diente er vierzehn Jahre um seine Frauen, weitere sechs um sein Vieh, zwanzig Jahre waren über ihn gezogen und nur die Rahelsieben furchenlos. Er hatte in sich einen festen Grund, sein Grund aber hatte keinen festen Boden, so brach er auf und mit ihm alle Gefahren eines Gefährdeten. Laban setzte ihm nach, unentrinnbar; Esau wartete auf ihn um den bewaldeten Berg, in Edoms Gefild, unausweichlich; und dazwischen die Nacht und der Engel, den er wird passieren müssen. Schon holte ihn der Listreiche mit seiner starken Mannschaft ein und schwang über ihn seine Wortpeitsche, nach den Regeln aramäischer Rhetorik: kein Wort ohne Knalleffekt. Jakob flehbeichtete wie ein Mann, der außer Gott niemanden hat, mit dem er sprechen kann, der auch noch mit Gott allein allein ist.

Aufbrechen – das lernte er von seinem Großvater – ist mehr noch als ein großer oder gewagter Schritt, den man zurücknehmen kann. Der Aufbruch bleibt, wenn die Schritte verhallen und die Wege zurückgelegt sind.

Er musste nur aufbrechen, da kam der Gott Abrahams zu Laban, im Traum der Nacht, und sprach zu ihm: Hüte dich, dass du etwa mit Jakob vom Guten weg zum Bösen hin redetest!

Nun wünscht Laban einen Bund mit ihm zu schließen, Jakob nimmt einen Stein und richtet ihn als Standmal auf; das tut er; er heißt dann seine Verwandten Steine auflesen und zu einem Steinhaufen zusammentragen; auf diesem Steinhaufen essen sie dann.

Laban, der Aramäer, der große herrische Schwiegervater, führt die großen Reden von Anfang bis zum Ende; er gibt gern den Ton an und behält ebenso gern das Wort; mit einem, das nun fällig ist, will er auch sich selbst bezeugen, so nennt er den Steinhaufen Jegar Sahadutha, das heißt Steinhaufen des Zeugnisses. Mit dieser Benennung, in der sich der Aramäer bekundete, werden das Gehör Jakobs und seine Verantwortlichkeit auf die Probe gestellt. Bei dem, was ihm bevorsteht, kommt es allerdings auf die Nuance an. Zwanzig Jahre hatte er keine andere Sprache gehört, und nun trat dieses eine Wort, wie aus jener Sprache herausgeschnitten, vor seine Seele: ein Fremdwort, eine einzige Herausforderung, ein Signal; in dem Augenblick kehrt sein Geist in den von ihm verlassenen Sprachkörper zurück, der Bund wird also hebräisch besiegelt: Gal'ed nennt Jakob den Steinhaufen, das heißt Steinhaufen des Zeugnisses. Laban spricht weiter: der Gott Abrahams und der Gott Nachors mögen richten zwischen uns, – der Gott ihres Vaters! Und Jakob schwur ihm bei der Furcht seines Vaters Isaak. Bund und klare Scheidung waren vollzogen; über Nacht blieben sie auf dem Berg, danach war auch die Trennung vollendet. Auf das neue Gehör stellte sich die neue Optik ein: Frühmorgens, wie Jakob seines Wegs ging, trafen Boten Gottes auf ihn. Jakob sprach, als er sie sah: Ein Heerlager Gottes ist dies!
Und er rief den Namen jenes Ortes: Machanajim, Doppellager.
Nun konnte er sich in die eigene Nacht begeben, konnte sich dem Engel, dem Bruder, stellen, der Trauer um Rahels Tod und dem ihn hinfort bestimmenden Namen.
Zwischen Aufbruch und Verwandlung, an die Pforte eines ungeheuren Schicksals, setzte ein gottbegnadeter Dichter ein Fremdwort, das in der Tora, im Fünfbuch einzig vorkommende aramäische Wort, ein gehörschaffendes: Sahadutha.
Hermann Gunkel meinte, es sei »das Produkt einer sehr überflüssigen Gelehrsamkeit, mit der der Glossator sein aramäisches Licht leuchten lassen wollte.«

Das Land der Augen Gottes

»… ein Land das ER dein Gott aufsucht,
stets sind SEINE deines Gottes Augen darauf,
von der Frühe des Jahres bis zur Jahresspäte.«
Reden 11,10-12

»Wäre das Land nicht heilig, es gäbe uns nicht mehr.«
Sahadutha

Johannes der Täufer irrte sich, da er meinte, Gott könnte, wollte er nur, Abraham auch aus dem Steine Kinder hauen. Gott will nicht, was er kann, darum ist er Gott; seine Gedanken aber gehen durch Fleisch und Blut bis ins Mark, wo sie erhalten bleiben. Dem Stein ist nur das Feuer zu entnehmen, nicht die Glut, geschweige denn eine große Verheißung.
Hätte Gott gewollt, was Johannes ihm zugedacht hatte, dann müsste Abraham nicht in ein unbekanntes Land aufbrechen, nur, weil ihm *dort* ein Same verheißen wurde. Was diesen betrifft, war Abraham gerade bestens beraten: der gesegnete Schoß war der weibliche Ur-Schoß. Isaak und Jakob, Kinder des verheißenen Landes beide, mussten sich ihre Frauen von dort holen.
Im Lande der Fruchtbarkeit blieb Abraham unfruchtbar. Wenn seine Unfruchtbarkeit dem Plan Gottes nicht hinderlich wäre, wenn Gott also wie Johannes dächte, dann hätte ihn Gott in Ur zu einem mächtigen Stamm gedeihen lassen. Gott aber sprach also zu Abraham:

»Geh aus deinem Vaterlande und von deiner Freundschaft und aus deines Vaters Hause in ein Land, das ich dir zeigen will. Und ich will dich zum großen Volk machen und will dich segnen und dir einen großen Namen machen und du sollst ein Segen sein. Ich werde segnen, die dich segnen, und verfluchen, die dich verfluchen; und in dir sollen gesegnet werden alle Geschlechter auf Erden.«

Abraham wurde aufgerufen, ins Unbekannte aufzubrechen, das ihm Vertrauteste fahren zu lassen, und sich einer Verheißung hinzugeben, die nichts offenbart, aber wohl geeignet ist, Unerschütterliches hervorzurufen und wortfest zu machen.

Dies war der Ruf, den Abram vernommen haben muss, denn »Abram« heißt: der große Mann, der bei sich nur eines weiß und darum nicht zu ergründen ist. Es ist ja auch so, dass wir nach wie vor nicht wissen, warum Abraham an Gott glaubte. Aber wir wissen, dass er in seinem Glauben selbst durch Gott nicht zu erschüttern war.

So dürfen wir annehmen, dass er nicht des verheißenen Samens wegen Vaterland und Freundschaft verlassen hatte. Er war alt genug, um sich mit seiner Unfruchtbarkeit längst abgefunden zu haben. Er wird sich später auch bereit zeigen, ohne Wimpernzucken seinen spät geborenen Isaak zu opfern. Ferner dürfen wir annehmen, dass es ihm nicht um den »großen Namen« zu tun war. Wen Gott sucht und findet, ist groß genug, muss sich keinen Namen mehr machen. Gott hat seinen Namen auch oft genug ausgesprochen, das war die Freude seines Mundes, schließlich legte ER ihm ein ganzes, göttliches »H« zu, so war ER ihm mit einem Hauch mehr zugewandt. Auch die Engel stritten um die Gunst, den Namen Abrahams aussprechen zu dürfen. Der eine konnte sich nicht enthalten und rief den Namen, voll Bangen und Verzückung, gleich zweimal aus: »Abraham! Abraham!« (Genesis 22,11). Sie wussten, was Jesaja uns nur andeuten konnte: dass Abraham Gottes einziger Freund war.

Aus der langen Liste der Verheißungen traf nur das letzte Wort auf Abraham zu: Er wollte zum Segen werden, denn er kannte die verfluchte Welt und würde gern am Anfang einer neuen gestanden haben. Dahin also brach er auf, in das verheißene, nicht zu benennende Land, das ER ihm, dem neuen Adam, zeigen wollte. Es sollte kein zweites Paradies sein, Abraham kein Gärtner Gottes werden.
Gott hat ihm den Weg dahin nicht gewiesen, sein eigener Aufbruch gab ihm die Richtung unfehlbar ein.
Als er bereits hineingekommen und bis Sichem vorgedrungen war, erschien ihm Gott und sprach zu ihm: »deinem Samen gebe ich dieses Land.«
Das also war's. An Gottes Ziel angekommen, stand er an seinem Anfang.
Was darauf folgte, ist in der Bibel nachzulesen. Aber was geschrieben steht, bleibt doch nicht stehen.
Abraham wurde zum Segen, viele Völker der Erde ruhen nun »in Abrahams Schoß.« Aber fruchtbar konnte Abraham nur in diesem Land werden und auch nur in diesem war »der Segen Abrahams« wirksam und ließ sich übertragen, so pflanzte er sich bis auf Jakob fort. Kraft dieses Segens konnte Jakob dann den eigenen Kampf mit dem Engel aufnehmen und eine Nacht lang mit ihm ringen, auf dass er nicht mehr Jakob heiße, sondern Israel. Nun sollten die Völker in *diesem* Namen gesegnet werden.
Die Söhne Jakobs sind die Kinder Israel geworden, aber bis Benjamin wurde keiner von ihnen im Land Israel geboren.
Das Land der Verheißung, obzwar geschenkt, war nicht billig zu haben, musste begehrt und eingenommen werden. Denn nun war es das »Land der Augen Gottes«, in das ER seinen Blick zurückzog, nachdem ER ihn vom Paradies abwandte und seine bittersten Tränen über Adam und seine sich gegen Ihn auftürmende Nachkommenschaft als Sintflut über die Welt vergossen hatte.

Die erste uns bekannte Liebe Gottes gehörte dem Land, das ER seinem einzigen Freund, Abraham, »zeigen wollte«.

Dem Auserwählten Volk blieb kaum ein Fluch erspart, vom Lande Israel durfte aber kein schlechtes Wort je gesagt werden.
Die größten Fürsten Israels, die von Moses entsandt wurden, das Land auszukundschaften, mussten ihr Leben lassen, weil sie kleinmütig über das Land gesprochen hatten. Das war vor Gott ein noch größerer Frevel als der Tanz um das goldene Kalb.
Der Gedanke, das »Land der Augen Gottes« könnte von Ihm je verlassen werden, erschütterte noch den Exil-Propheten Ezechiel derart, dass wir meinen, in seiner Rede das Beben eines jeden der Worte Gottes zu vernehmen:
»Es ist die Missetat des Hauses Israel und Juda allzusehr groß; es ist eitel Blutschuld im Lande und Unrecht in der Stadt. Denn sie sprechen: Der Herr hat das Land verlassen, und der Herr sieht uns nicht.« (Ezechiel 9,9)

Die Geschichte des Judentums und sein Denken dreht sich um dieses Wortpaar »Verlassen und Verlass«, beide haben sie ihren Ursprung in Abraham

Das *Hierbinich* lernten wir, Kinder Israels, von Abraham, doch war Abraham nicht weniger als der neue Adam, und in einem neuen Sinn Vater vieler Völker und allen zum Segen.

Adam kannte keine Furcht, nur die eine Angst vor der Stimme seines Schöpfers, der ihm das Schönste auf Erden geschenkt, das Allerlieblichste aber verboten, umdroht und mit dem Tod belegt hatte.

Eine Bedeutung konnte Adam der Drohung freilich nicht abgewinnen, was sollte auch der Tod, wo das Leben, ein Odem Gottes, ihn, den Menschen, eben erweckte. Gott gerade erst eingeatmet, und schon auch wieder ausgehaucht?

Doch waren Odem und Hauch nicht unbestimmt, und die Stimme sprach, und die Drohung war ihr letztes Wort.

Nachdem Adam vom todbringenden Baum aß, vernahm er die Stimme wieder und bekam es mit der Angst zu tun, und immer noch nicht mit seiner Seele. Der Garten Eden war eine schlechte Glaubenslehre.

Vergebens sprach die Stimme; nun wandte sich Gott dem Menschenantlitz zu. Da sprach ER zu Kajin:

»Warum verdrießt es dich, und warum sinkt dein Antlitz?
Ist dem nicht so? Du bringest schöne Gaben oder
bringest sie nicht, vor der Türe lagert
die Sünde, und nach dir ist ihr Verlangen;
doch du kannst ihrer Herr werden.«
(Genesis 4, 6-7, Übers. Arnheim)

Mit Abraham trat das *Hierbinich* als Form des Glaubens in die Welt. Mit dem *Hierbinich* lebten die meisten Juden überall, mit ihm hörten sie auch zu leben auf. Nicht ausweichend auch dort, wo Ausweichen nicht mehr galt. Auch gestellt, muss man sich noch stellen.
Und kommt man auch davon, heißt es nicht, dass man entrinnen kann

Ein Stücklein Ackerfeld und eine Leiche darin.

Für die Jugend

»Sarah, die Ehefrau Abrahams, erlebte nicht mehr die Heirath ihres Sohnes Isaak. Als sie aber gestorben war, hatte Abraham trotz allem seinem Reichthum erst kein Plätzlein, wohin er sie begraben konnte. Denn in jener Gegend hatte man dazumal noch keine Kirchhöfe. Wer ein liegendes Eigenthum besaß, begrub darin seine Todten. Allein Abraham hatte noch kein liegendes Eigenthum in dem Lande, sondern er kaufte von einem Landeseinwohner, Namens Ephron, einen Acker, in welchem eine zwiefache Höhle war. In die Höhle begrub er die Genossen seines Lebens und seines Glückes. Das war das erste Eigenthum Abrahams und seiner Nachkommen in dem Lande, das ihnen verheißen war, ein Stücklein Ackerfeld und eine *Leiche* darin.«

Des Propheten Auftrag liegt nie in der Zukunft

Man kann seinen Worten nichts vormachen, auch nicht vorausgehen. Jona war beauftragt, einen einzigen Satz zu sprechen. Das Buch Jona ist die Geschichte dieses sonderbaren Auftrags, dem nicht zu entrinnen ist, weil der eine Satz auch immer die Quintessenz der Geschichte ist

Die Augen täglich in einen heiligen Text tauchen, ein Wort bedenken, eins beherzigen, eins in Erinnerung behalten, kommentieren. Das ist genug gelesen

Wir kennen keine andere Auferstehung als die der toten Buchstaben

»Wenn die Finsternis und das Schweigen in dem Scheol andauern, wäre es Zeit, dass ein Mensch dort eintrete, um mit der Wiederauferstehung der Toten den Anfang zu machen.«

Credo:
Auf mich gestellt, auf Gott gerichtet,
hinfällig, auferstehungsreif.
Gott im Gebet nachgestellt –
mein Gebet war schon seine Gnade

Die scheidenden Begleiterscheinungen

»Wer sich auf den Weg macht zu Gott,
bleibt auf der Strecke.
Um diese Strecke geht's.«

»Je weiter Ihr reist, desto weniger
kommt Ihr ans Ende.
Die Euch das Geleite geben,
bleiben alle am Ufer stehen
und kehren um.«

»Im Anfang war das Wort«

Die angemessene Sprache
ist die angemaßte

»Es werde Licht!«

»… alles setzt ein Vor und Nach voraus
und wer beim rechten Anfang anfangen wollte,
der müsste doch schon den ersten Schöpfungstag
in den dritten Akt verlegen.«

Wo es keinen Anfang gibt, muss mit ihm begonnen werden;
im Anfang also war das Wort und alles ließ sich träumen
nach und nach, und alles ließ sich sagen mehr und mehr

Im Anfang war das Wort,
den Anfang machte Abraham

Der Zweifel steht nicht gegen den Glauben, sondern hinter ihm

Ehe sich Gott offenbarte, musste er in die Welt eingeführt werden. Das geschah durch Abraham. Vorher gab es nur den Schöpfer, nicht den Herrn der Welt, nicht den Gott Abrahams.

Wäre Gott nicht durch Abraham eingeführt worden, könnte Er sich Moses nicht zeigen, Moses sich Ihn nicht vorstellen. »Ich bin der Gott deines Vaters, der Gott Abrahams, der Gott Jizchaks und der Gott Jaakobs!« (Namen 3,6), sagte Er zu Moses, über alle Zweifel also erhaben

Der Mensch – die von Gott abfallende Frucht

Das alte Unbehagen, die Verzweiflung des Menschen vor der Forderung, Gott ähnlich zu sein, und die sich aufdrängende Einsicht, dass auch der Schöpfer nicht indifferent ist; dass er den Menschen zum gleichen Zweck erschaffen haben könnte, wie den Leviathan – als Spielzeug für seine Mußestunden. (Psalm 104,26)
Bei dem Menschen freilich riskierte er, dass aus ihm ein Gegenspieler hervorginge.
Damit wird der Schöpfer gerechnet haben, sonst würde er Adam nicht seinen Odem einhauchen, sich dem also Eingehauchten nicht ausliefern

Gott hauchte Adam seinen Odem ein, die Welt ließ sich nun träumen und die Wirklichkeit vom Traum beschreiben

Kein Mensch vermag, sich von Gott loszuatmen. Die Gedanken spielen woanders ihre Rolle, und ihre Hauptrolle bleibt, das Woanders immer neu zu bestimmen und aufzusuchen

Doch träumt sich der Mensch nie in die Schöpfung zurück, das Paradies steht davor: eine letzte, nicht überschreitbare Grenze, von Cherubim überwacht und scharf beschwertet verteidigt

Die Schöpfung ist vollendet, der Geschaffene nicht. Daher sein Wille

Der Gegenspieler geht aus dem Mitspieler hervor

Also hatte Gott Adam von dem Spielplatz vertrieben. Er sollte sich vermehren, und die Vermehrten sollten unter sich bleiben: mit einem Blick zurück, mit einem Blick ins Blaue

Im Schweiße seines Angesichts sollte Adam seinen Boden beackern, sich seinen Gott verdienen

Der Schöpfer belohnt alle Wesen mit Dasein

Gott mischt sich ein, er wägt die Werke und zählt die Tage. Der Glaube ist eine schwere Arbeit; Gott wird nicht leicht verdient; die Einsicht in seine Gerechtigkeit ist aussichtslos

Kohelet, der einzige, sagt, als einziger: »Gedenke Deines Schöpfers« (12, 1). Das ist sein Bezugspunkt und davon ist seine Rede

Der Glaube an Gott –
der Zweifel an Allem

Wäre der Glaube nicht von Gott,
wir könnten nicht zweifeln

Außer Zweifel,
das ist auch nicht im Bilde

Der verlorene Glaube rettet Gott
in die Überzeugung
und bleibt im Zweifel

Der Zweifel bekennt sich zum Glauben,
das ist seine Abtrünnigkeit

Du sollst dir keine Vorstellung machen von Gott, denn du bist nicht göttlich, ehe Du den Glauben gewagt hast. Abraham bildete sich Gott nicht ein, so kam das Wagnis des Glaubens mit ihm zur Welt und zur Anschauung.
Gott sprach zu ihm: Brich ab, brich auf, und frage nicht, wohin. Ich zeige dir das Land, wenn du alles hinter dir gelassen hast.
Das Äußerste und Fernste wird verlangt, das Vage und nicht Naheliegende versprochen; das Land wird sich erst zeigen, Gott sich noch vorstellen müssen. Das wiederholt sich mit dem Auftrag, Isaak zu opfern: Tu, was ich dir sage, und frage nicht nach dem Berg, nach dem Ort; sie sollen sich dir zeigen, ich nenne sie nicht.
Die Versuchung ist die Möglichkeit des Verwechselns. Der Name wäre schon der Fluchtweg. Das Wagnis des Glaubens sieht dann so aus: »Auf einem Berg, den ich dir weisen werde.«

Man glaubt allerlei und zweifelt im Grunde

Der Zweifel macht den Glauben
unnachahmlich

Man muss versucht werden. Versuchung gehört zu jedem großen Anfang; man muss sich groß vergehen oder groß behaupten.
Also muss Abraham versucht werden, muss für Gott ins Äußerste gehen; sein bisheriges Gehen soll nicht unter dem Siegel der Selbstsucht erscheinen; man soll nicht sagen können, er habe zwar viel hinter sich gelassen, aber nur, weil er Größeres zugesprochen bekam.
Gott spricht zu Abraham: »Ich bitte dich, die Versuchung zu bestehen, sonst würde man sagen, ich habe dich auf nur kleine Proben gestellt.« (Sanhedrin 89b / Raschi). Das klingt nicht gut. Gott würde demnach mit einem eventuellen Zurückschrecken Abrahams rechnen oder seine eigenen Skrupel bekannt geben, besagte aber auch, dass Abraham annehmen dürfte, dass es dazu nicht kommen wird. Darauf deutet Vers 22,8: »Gott wird sich ersehen das Lamm.« Vielleicht bist du es, vielleicht auch nicht.
Gott nimmt ihm das Zögern ab, nicht die Furcht, nicht das Zittern.
Isaak versteht nur die Bedeutung des Aufbruchs, nicht seine eigene Rolle. Abraham gibt ihm zur Antwort, dass seine Frage gut und berechtigt sei, die letzte Klarheit aber liege bei dem, der die Macht hat über Leben und Tod, zu geben und das Gegebene auch wieder zu nehmen. Wo immer wir gehen, in jeder Himmelsrichtung sind wir in Gottes Hand oder bei Gott

Zwiesprache

Die ersten Worte Gottes an Adam waren Anweisungen an den Gärtner, erst nach dem Sündenfall hatte Gott ihm etwas zu sagen.
Indes erkannte Adam seine Frau, es war die Liebe erwacht, sie breitete sich nach und nach aus, bis sie sich auch über Gott erstreckte, der ihrer scheinbar nicht bedurfte. Wie soll der Weltenbeweger auch bewegt werden können. Doch nun war die Liebe da und sie wurde stark und mächtig so sehr, dass sie auf Gott abfärbte, der schließlich die Liebe zu ihm auch befohlen hatte und endlich die Eifersucht zu spüren bekam. Die Sünde war die Tür zur Liebe, das Rohr zur Sprache.
Erst befahl Gott dem Menschen, dann hatte er ihm etwas zu sagen, schließlich bekamen sie miteinander zu tun, und es entstand die Zwiesprache.
Bei Adam war die Voraussetzung für die Zwiesprache mit Gott die Sünde, die den Tod auslöste, bei Kajin der eingeführte Tod selbst

»Eines Tages sagte Mewlana: ›Die Geige (Rebab) hat den Ton des Knarren der Paradiesthür, und wir vernehmen es!‹ – Ein Spötter, der dies hörte, sprach: ›Den Laut höre ich auch; aber warum entzündet er mich nicht, wie er den Mewlana entzündet?‹ – ›Behüte und bewahre!‹ entgegnete Mewlana, ›was wir hören, ist der Laut der sich öffnenden Pforte, du aber vernimmst den Laut der sich schließenden.‹«

Leben – die Frist; Dasein – die Erscheinungszeit

»Die Cherubim aber und das zuckende Flammenschwert
bewachten den Weg zum Baum des Lebens.« (Genesis 3,24)

Adam und Eva haben keinen Versuch unternommen, sich in den Garten hineinzuschleichen, um an die ihnen verwehrte Frucht des Lebens zu gelangen.
Sie hatten, was sie brauchten: Die Erkenntnis von Gut und Böse, geöffnete Augen, die Sehnsucht, das Nachsehen, die Lebzeit und das Bedauern.
Ohne Widerspruch gingen sie in die Verbannung, im Schweiße ihres Angesichts bestellten sie den Boden.
War ihnen das ewige Leben nicht wert, nicht teuer genug, dass sie nicht versuchten, es mutig und listig zu erlangen? Für den Baum der Erkenntnis haben sie das Leben riskiert, für den Baum des Lebens nicht aber den Tod. Und sie wären in Ewigkeit Gott doch nicht nur ähnlicher, sie wären wie Er.
Um diesen Baum wand sich keine Schlange; das nackte Leben schien auch der Glatten zu glatt. Ewigkeit fruchtet nicht, und es ist nicht die Ewigkeit, an der man sich versündigt.
Es war gut, sein Leben zu finden und in diesem den Tod

Mit ihrer Vertreibung aus dem Paradies wurde Utopia gegründet

»Ist eure Leinwand weiß, beginnt mit dem stärksten Ton und fahrt der Reihe nach fort bis zum hellsten. Es ist sehr wenig logisch, mit dem Himmel zu beginnen.«
Camille Corot

Die Füße tragen uns, ob kurz oder lang, auf allen Wegen, die engen, die weiten, bis wir in den Himmel kommen. Am Ende, ob wir es nehmen, ob wir es lassen, kommen wir in den Himmel. Ist es denn so wichtig, dass wir in den Himmel kommen?
Wäre der Aufwand nicht kleiner und lohnender, würden wir ein paar Schritte hier aufeinander zugegangen sein?
Und wären wir einander dann auch nicht Himmel, nur Erde, wäre das nicht gut genug? Die Erde selbst wäre besser, wollte nicht jeder ein Stück Himmel sein.
Die Stimme spricht:
Geh nicht immer weiter, mach nicht immer mit. Das Große und auch das Ganze wirst du am Ende schon mitgemacht haben. Ohnedies; ohne hin und her.
Wenn nun Gott durch deine Gedanken zieht, lass ihn nicht ziehen; halt ihn beim Gedanken fest, halt dich an ihn, denn dieser Zug, ein Siegeszug, ist ohne Halt.
Er beginnt mit »Eli! Eli!« und endet mit »Asavtani«.
Hier wirst du verlassen, dort bist du‘s bereits; gehst du auf Gott aber nicht zu, gehst du daneben

CREDO: Der Weg zu Gott – die immerwährende Rückkehr aus einer Verbannung

»So weit es geht«:
es geht immer so weit

Was man betont, hat man nicht gesagt

Lebtest Du auch »in Gott«,
er ist Dein Nächster nicht

Gott sprach zu Hiob: »Du bist mein treuster Knecht, mein Diener ohne Fehl, dein Glaube aber ist falsch. Abraham hatte mich zuerst erkannt, dann gefürchtet, und seine Furcht war ohne Zittern, ohne Wimperzucken.«

Frömmigkeit weiß sich im Recht und gibt sich zufrieden

»Ziel des Lebens ist die Frömmigkeit und nicht die Wissenschaft. Aber die Frömmigkeit kann ohne Beistand der Wissenschaft das Leben nicht ordnen und lenken. Es ist die Pflicht der Wissenschaft, die Menschen zur Frömmigkeit zu führen.«

Hiob – eine »ehrliche Haut«; um diese wird nun verhandelt – »Haut um Haut!«, spricht Satan, » – und alles, was der Mensch hat, gibt er dahin für sein Leben!« (Hiob 2,4, übers. Fr. Baethgen)
Alles Dunkel und Wetterleuchten um Hiob geht unter die Haut oder bleibt hautnah.
Hülle, Schutz und Atem werden aussätzig.
Ausgesetzt, gerät Hiob außer Rand und Band; von Kopf bis Fuß erschüttert, fällt er seinem scheidenden Morgen um den Hals

Die Aufnahme Hiobs in die Bibel war die Konsequenz einer weit reichenden und nicht abreißenden Lektüre. Die Weisen Israels haben die Verteidigung des Schöpfers auf sich genommen. Die Schöpfung muss studiert werden, um auf deren Grundsinn zu kommen, an Gott zu rühren.
Nach Gott kann nicht tief genug gebohrt werden

So untadelig der Glaube Hiobs auch war, er war nicht unantastbar. Einmal angetastet, bekam der Glaube eine neue Tastatur: Aus meiner Zerfleischung tritt nun der Schöpfer in Sicht

Die Schönheit des Misserfolgs

»das Hohelied der Skepsis«
Heinrich Heine

»das Hohelied der Gottesfurcht«
Franz Delitzsch

Kohelet ist kein Ruhmredner vor dem Herrn, der sich überhebt und göttlich gebärdet; kein großartiger Empedokles; seinen schwankenden Standpunkt fixierend, setzt er sich vom Lehrhaften ab. Keine Leersätze!

Was er erfahren hat, will er nicht ergründen.

Es ist alles gleich, Gleichheit aber nicht vorgesehen und Gleichgültigkeit nicht zu erreichen; alle Berechnungen sind vermessen; Erkenntnis steigert den Schmerz. Gott ist im Himmel; das große »Werweiß« bleibt am Bild des Getiers haften: »Wer weiß, ob der Geist der Menschenkinder in die Höhe steigt, und ob der Geist des Viehes in die Tiefe sinkt, zur Erde.« (Kohelet 3,21)

Kohelet spricht in seinem Herzen und vor sich hin und rundheraus, ohne Vor- und Rücksicht. Mit ihm beginnt die nicht schielende Ehrlichkeit, die nicht vorwurfsvolle, anklagende Aufrichtigkeit.

Spricht man paradox, bekommt man sich in den Griff; macht man seine Sprüche, erspart man sich die augenlichtraubende Lektüre. Man kommt zu keinem Schluss, aber zu einem Nachtrag: Lass Hoffnung fahren, dich aber nicht gehen; sei redlich mit deiner Rede, denn auch die geringste Sicherheit, um die Du betest, bekommst du nicht ohne sie. Fürchte Gott, und behalte im Auge, was ich dir zeigen wollte, mir selbst aber verschwiegen habe: Die Schönheit des Misserfolgs

In die Tiefe gehend, kommen Mythen zu kurz

Sisyphos war der Schlaueste, selbst Thanatos vermochte er zu überlisten. Für eine Weile hatte es kein Sterben gegeben in der Welt, keine Klageweiber, keine Sarkophage. Ares aber befreite Thanatos und Sisyphos wurde in die Unterwelt verschleppt, wo er für seine Schlauheit sonderbar zu büßen hatte. Auf einen ihm zugewiesenen Berg musste er einen schweren Marmorblock wälzen, der immer wieder in die Tiefe rollte.

So kam etwas ins Rollen, er aber nicht weiter. Das war dumm, denn so endet die Geschichte des Schlauen. Geblieben von ihr ist das »Sisyphische«, und die Frage, worin es bestünde, ob im Immergleichen oder im Immer-von-vorn. Mit dem Scheinbaren wird eine alte Optik überprüft, eine neue eingestellt.

Standpunkt und Lage lassen sich fixieren; unverwandelt bleibt die Ansicht des Gleichgültigen; die Situation verändert sich von innen.

Verdammt, immer das Gleiche zu tun, heißt nicht, dass man es darum nicht immer besser tut.

Doch wollen wir über das »Sisyphische« nicht den Sisyphos aus den Augen verlieren.

Von seiner Schlauheit nicht verlassen, wusste er zu jedem Zeitpunkt, woran er war; dass ihm der Marmorblock entgleiten wird, und dass er für diesen Augenblick allein für sich ist, mit sich allein auf dem Berg

Aus der Tiefe wird gerufen, nicht geglaubt,
Oder:
Gott sein lassen ist Glaubens genug

Die Leute von Ninive hatten große Häuser und große Fenster und große Augen, aber keine Einsicht in ihre Tage und Werke, und dabei wäre es dringend gewesen, dass sie ihrer Missetaten gedächten und bereuten, auf dass sie gerettet würden. Also musste Jona dorthin, wohin es ihn nicht zog, und sein karges Wort fallen lassen. Es bestand aus einem einzigen Satz, und diesen sollte er sowohl ausrufen als auch sprechen. Und er rief aus und sprach: »Es sind noch vierzig Tage, so wird Ninive untergehen.« (3,5) Das war's, und dafür ging er über Land und Meer, und ging nicht nur. Ins Meer geworfen, von einem großen Fisch geschluckt und wieder ausgespieen, war's denn doch ein großer Umweg zum Ort seiner Botschaft, den er nach wie vor lieber nicht betreten haben wollte.
Im Bauch des Fisches lernte er immerhin beten. Das war ein Gewinn.
Man muss aus der Geschichte etwas gewinnen, wenn man aus ihr schon nicht klug werden kann

Baust du auf Gott,
bist du der Grundstein

»Wer, auf einem weißen Elefanten sitzend,
an einem Flussufer Reis isst,
beherrscht die ganze Erde.«

Keine Macht beherrscht die Ohnmacht

Nimm es genau,
wie es kommt und sein wird,
ohne dich

»Ein Leben ohne Eckstein, ohne Wende
Und unablässig Heimkehr aus der Zeit.«

Der Allmächtige greift ein und entzieht sich

Den vom Glauben versetzten Berg,
bekommt der Zweifel nicht zu sehen

Ein Mann bläst den Schofar auf einem Berg in Galiläa und bahnt dem Messias seinen Weg. Er ist im Kommen. Kommt er nun? fragen die Chassidim den Rabbi.
Der Rabbi geht ans Fenster, steckt seine Nase hinaus, schnuppert – Nein, sagt er, er kommt nicht. Ist sein Kommen zu riechen? fragen die Chassidim. Zu riechen ist nur »Jir'at haschem«, die Gottesfürchtigkeit. Warum musste der Rabbi dann ans Fenster, um festzustellen, dass der Kommende nicht komme.
Am Fenster, sprach der Rabbi, sagte mir mein Riecher, dass er nicht komme, weil er schon da ist, in diesem Zimmer

Der bewiesene Gott,
der abgewiesene

Credo: Der Zweifel ist der Wurm im ungespritzten Glauben

»Jeder große Mann weckt in seiner Umgebung die Poesie: hätte Jesu Leben und hätte Jesu Tod die Poesie nicht geweckt, so wäre Jesus kein großer Mann gewesen: aber die Poesie muß man als Poesie verstehen.«

Er hatte sein Volk vor Augen, die Sprache des Volkes im Ohr, er sprach mit Gott, wie es Propheten tun, und nicht mit Zungen. Er wusste, was er sagte, und wollte von anderem nichts wissen. Es gab niemand weit und breit, der dies verstehen konnte, als sein Volk der Juden.

Dass Paulus ihn verstanden hatte, vermochte noch niemand verständlich zu machen. Paulus begreifen, heißt nicht, Jesus verstanden zu haben.

Die Stimme spricht und schafft das zwischen beiden trennende Damaskus.

Paulus verstand Jesus nicht, er gab ihn zu verstehen. Sein Verständnis beherrschte die Szene, und von der Szene verstand er mehr als andere. Doch die anderen waren nicht mehr das Volk der Juden

Was täte Jesus und wo käme er hin,
würde Jesaja nicht gesprochen,
David nicht gesungen haben

Auch die Sonne, sagt Kohelet,
tappt im Dunkeln

CREDO: Der Glaube darf nicht im Glauben bleiben

Wir machen uns vor und bilden uns ein,
es komme darauf an

Kommt man zur Sache,
war es das Haupt

Auch Auferstehungen gehen tödlich aus

Auch Apostel sind ein Kreuz,
das der Prophet auf sich nehmen muss

Die Kirche ist die Mauer,
über die der Auferstandene
immer wieder springen muss

»Uns aber hat Gott es enthüllt durch den Geist.«

Glaubt Er,
wenn ich an Ihn glaube,
durch meinen Glauben und mich
an Gott?
Ist ER
des Glaubens?

»Zu dem Glauben, dass meine Gedanken
von Gott kommen,
habe ich es noch immer nicht gebracht –
ist das aber nicht
das stärkste Argument wider sie?
Jedoch das ist wahr:
mein ganzes Denken sucht Gott.
Aber –
auch da gibt es ein Aber.
Als ob Gott erst lange zu suchen wäre.«

»Der Geist ergründet ja alles – auch die Tiefen Gottes. Denn: Wer von den Menschen kennt die Sache des Menschen – es sei denn der Geist des Menschen in ihm?«

Ungläubig ist,
wer sich seine Zweifel
zugute hält

»Wann, habe ich gefragt,
wann werden endlich die Menschen
sich überzeugen lassen,
dass all das nicht Glaube ist,
was sie Glauben nennen?
Es war ein leerer Seufzer,
die Antwort ist:
Niemals!
Mit dem letzten Menschen
wird der letzte Heide
aus der Welt gehen.«

Das Nein ist die große Macht,
das Ja die große Leistung:
Hallelu*ja*

Das Gehör steht auch im Dienst des Schweigens

»Werd ein Kind, werd arm und kleine,
Sei nicht hoch noch weis bei dir,
Setze dich in Staub und weine,
Bis dich Gott zur Schule führt,
Da sein Geist die Arm und Blöden
Weislich lehret von ihm reden.«

Überall ist da, alles da ist dort,
jedes dort ist weiter

»Aller Gründe Grund, aller Wissenschaften Säule – zu wissen, dass es dort einen Gott gibt.« Mit diesem Hinweis beginnt das Hauptwerk des Maimonides, *Mischne Tora*. Man habe zu wissen, dass *dort* sich aller Gründe Grund, die erste Ursache befinde, und darum sei dorthin unser erster Gedanke, alles Tun und Wirken gerichtet, denn *dort* ist der Ausschließliche, in sich Ruhende, dank dem wir, du und ich, hier Jemand sein dürfen.
Dort – ein Wort der Sehnsucht, der Neigung, der Beugung und Aufrichtung, der Neugier, des Aufbruchs: *dort* ist der Schlüssel zum Allhier, zum Rundherum.
Dort – ein Diesseits ohne Ende, sinnfällig, gotthaltig, kein Jenseits von Wort und Anfang

Gott ist ein Stück Land, das man für sich erobert, und Jahr um Jahr an Ihn abgibt:
der letzte Rest, ist die letzte Hingabe

»Gott besteht ohne Glauben,
der Glaube ohne Gott;
ich habe Verstand,
ich bestehe nicht.«

Die Aufgabe des Glaubens
ist seine Annahme

Der weiteste Weg, die kürzeste Strecke:
in sich gegangen

Das Beten nimmt sein Ende mitten im Gebet

»Wir begehrten einmal, diese andächtige, liebe Schwester möchte uns von ihrem Beten erzählen. Da sagte sie: ›Ich kann nicht mehr beten, denn in mir sind immer neue Wunder‹.«

Das Wissen von der Seele ist das nach ihr Trachtende

Es ist immer einer, der dich glauben macht,
und dieser ist selten Gott

Ich zweifle nicht, ich bestehe im Zweifel

Gott wird auch deinen Glauben überdauern,
du aber nicht einmal deine Zweifel überleben

Kohelets Wappen

»Alles, was diesseits der Sonne ist,
das reiben Tag und Nacht
in ihrem Gang auf.
Es gibt viele Welten jenseits der Sonne.«

Es gießt, es strömt
und draußen scheint die Sonne

»Das Auge wird nicht satt«, sagte er am Anfang, und noch knapp vor dem Ende: »Das Licht ist süß.« Seine Rede ging wie der Wind: »Im Kreise geht der Wind und nur zu seinem Kreislauf kehrt der Wind zurück.«
So ist sein Buch aufgebaut.
Seine Sache hieß er »unter der Sonne« und ließ sie, bei Licht besehen und bei gutem Wein, bitter werden. Der einprägsamste und einflussreichste Kehrreim aller Zeiten stammt von ihm: »alles ist eitel und ein Haschen nach Wind«. Einzig und quer, jedoch mit dem Lebensganzen ausdrücklich verbunden, steht bei ihm das Wort *bitachon* – Zuversicht: »Ki mi ascher jechubar el kol-haChajim jesch bitachon« (Kohelet 9,4)

Es ist nicht zu sagen, ob dies sein Schlüsselwort ist oder der Brunnen, in den er seinen Schlüssel geworfen hat. Von ihm einmal fallengelassen, veränderte dieses eine Wort das Gesicht unseres Glaubens.

Seitdem gibt es keine Emunah ohne Bitachon

Vollendete Werke kennt die Weltliteratur einige, Kohelet aber hat das Vollendete in einer Sprache vermocht, die es dafür noch nicht gegeben hat, und dieses fragliche Beginnen vollbrachte er rund heraus, nicht abrundend. Er hatte niemand verschont, keinem auch nur eine Sorge genommen. Er lenkte unseren Blick unter die Sonne und lehrte uns sehen (Bäume jeder Frucht, aber auch die Tränen der Bedrückten), hinhören, die Silben zählen, im Lebenslauf die eigene Lebenszeit nicht versäumen.

Er übertrieb es dabei mit dem Paradox, mit dem Zitat, mit der Wiederholung. Man merkt, es ist ein Erster, der da spricht, ein Maßgeblicher.

Niemand vor ihm verstand es, wie er, so bewegt vom Sterben zu reden.

Die Zeit steht in seinem Ermessen, steht für ihn ein; er fährt nicht über sie her, überrollt sie nicht, bürdet ihr keine Schriften auf. – »Ich spreche von der Zeit, die aus der Erde quillt.« – Umsonst und vergeblich wird breitgetreten. Mit nur 222 Versen, Rebe und Rabe im Wappen, zieht er an uns vorbei, aufreißend, mitreißend

Das könnte ich gewesen sein!
Ich schau mich um.
Ich wars

Es gibt Autoren des einen Buches, wie Menschen des einen Lebens, die sich ein zweites weder einbilden können, noch vorgaukeln lassen. Das eine Buch ist die Fülle oder das Unvermögen. Es gibt aber auch ein Unvermögen der Fülle, dieses drücken Laotse und Kohelet aus

Wer in der Sprache lebt und mit vielen Worten im Streit liegt, weiß die Antwort zu schätzen, die man sich für immer schuldig bleibt

Was Du mir geben kannst, ist Dein Wort, und kein Dichter hat mehr zu geben

Geschichte macht, wer sie erzählt;
ihr Sinn ist bei den Schweigenden

Das Deuten kommt von den Sternen

Er träumte zu laut, er sprach zu groß,
er glaubte sich auserwählt,
zehn Brüder zeigten sich bereit,
ihn um die Ecke zu bringen.
Er brachte ihnen den ersten Gruß vom Vater,
sie trachteten nach seiner Seele.
Jahre des Hungers hindurch fütterte er sie.
Er kannte Ehre und Ehrfurcht,
das Gewicht von Wahr und Falsch,
die hauchdünne Kluft zwischen Ja und Nein –
Joseph, seines Volkes Erster,
dem Gott sich *nicht* offenbarte

Was in unseren Augen nicht zu lesen ist,
wird uns nicht weinen machen

Der zerstörte Tempel in Jerusalem wurde zum Grundstein der uns bewegenden Weltreligionen. Nicht Gott – sein zerstörter Tempel. Wir leben aus der Zerstörung, die in Katastrophen weiterwirkt. Mag die Schoah noch so umwölkend und verdüsternd sein, es wird doch immer heißen: »Mijom schecharaw Beth haMikdasch …« (Sota 48a) – »vom Tage an, da der Tempel zerstört wurde …«

Zukunft meint das Kommende
und ruft uns doch nur
in Erinnerung

Auch zitiert bleiben die Propheten in der Zukunft liegen

Der Mensch –
ein grundsätzliches Wesen.
Ohne etwas vorausgesetzt zu haben,
zieht er nach sich die Konsequenz

Der Mensch ist gottgeneigt,
doch beugt er sich nicht gern
und fügt sich lieber nicht:
»Gott ist mein Licht,
mein Heil,
das winkt von fern.«

Bestimmt,
sich zu verlautbaren,
gibt er von sich keinen Ton

Jeder geht als Ursache herum
und sucht nach Gründen
für sein Dasein

»Wir leben mit einem Vertrauen, das ein Fremder ist, der uns immer aus der Hand isst, der uns immer um die Freuden des Lebens betrügt und sich weigert, uns den Grund zu sagen. Und niemals wissen wir, von Tag zu Tag, ob dieser Fremde uns kaltblütig ermorden wird, oder ob er uns zwingt, Heilige zu werden.«

Ein Wort,
von Gott fallengelassen;
ein Wort,
von Gott gehalten –
der Mensch

Das Gesprochene
liegt nicht auf der Hand

Das Bild vom Menschen kann die Vorstellung von Gott nicht einholen

»Wie soll der Mensch sich zu Gott in Beziehung bringen, in lebendige Beziehung? Gott sitzt ja nicht still irgendwo im Weltall; auch er wandert seinen eigenen Weg hin. Gerade so wie die Himmel sich fortbewegen. Viertausend Jahre zuvor war unser Polarstern gar kein Polarstern. Die Erde hatte einen andern. Auch jetzt schleicht sich der Polarstern lautlos weg vom Pol. Ebenso ist es mit dem großen Gott. Langsam, lautlos, unmerkbar bewegt Er Seinen Thron, Zoll um Zoll, durch das Weltall hin. Wo ist er jetzt? Wo hat er seinen Thron aufgestellt? Verloren haben wir Ihn!«

Er wollte verstanden sein, den Menschen ihm ähnlich wissen, im Wissen ähnlich, zerstörend, erbauend, seine Werke und sich selbst überlebend

Weil Gott gesprochen hat, nicht, weil das Wort im Anfang war, muss alles stimmen

Der Schöpfer kommt unaufhörlich zur Welt

Auch nackte Fragen müssen bloßgelegt werden

Die Freunde Hiobs begreifen ihn nicht, wissen aber zugleich, dass es hier nichts zu verstehen gibt. Hat alles seinen Grund in Gott, ist aller Abgrund in uns.
Ein Mensch wird nicht reich von ungefähr, man bekommt nichts umsonst, wenn auch manchmal geschenkt. Ebenso muss man seine Strafe verdient haben.
Hat man sich nicht vergangen und frevelte auch nicht, seine Verfehlungen wird man, wie seine Fehler, schon haben. Es muss nicht großgeschrieben werden, was kleinlaut sich regt.
Doch steht auch nicht alles auf einem anderen Blatt.
Hiob, dem diese Gedanken nicht fremd sein konnten, war mit dem ersten ihn rührenden Schlag schon weiter gekommen: Gott hat gegeben, Gott hat genommen – schließt den Verdienst aus; es wird alles von Gott bestimmt und hat so seine Ordnung.
Das leuchtete dem Gottergebenen blitzartig ein, und blieb auch den Kommenden an ihm offenbar

Man verträgt den harten Schlag, hält man ihn für gerecht. Doch ging es mit dem ersten Schlag noch nicht um die Gerechtigkeit, Hiob erwidert auf ihn aus reiner Unschuld heraus, in der er sich begreift: Gott hat gegeben – es ist alles geschenkt, nicht verdient, geschweige denn mit Herzblut erkauft.
Ist alles aber Gabe und Geschenk, ist dann nicht alle Mühe auch verschenkt; muß auch noch die Hingabe erkämpft, der Glaube erlitten werden?
Nun werden die Fragen geknüpft und wie ein Teppich entrollt.
Was ist die Gerechtigkeit Gottes; wie, wo und wodurch einzusehen?

Das Fragen sieht aussätzig aus, der Glaube wird ergrindet, die Antwort auf Hiob erkratzt.
Hiob würde seine Fragen leichter und eher gestellt haben, könnte er sie sich nur vorstellen. Dem Diener Gottes geht dessen Gegenwart im Denken nicht auf. Der Schöpfer offenbart sich dem Frommen nicht. Also musste im Himmel gewittert und gewettet werden, damit dem schlichten, vom Bösen weichenden Mann im Lande Uz seine Hiobsfragen vorstellbar wurden

Die Fragen fuhren aus und stellten nackt und bloß: den Fragenden, seinen Gott, und schließlich – in Gottes Namen – seine Freunde.
In einem solchen Disput entscheiden keine Argumente; das Für und Wider wird nie sein Ende nehmen.
Hiob sitzt im Staub, und beginnt, seinen Glauben zu enthimmeln.
»Der Blick verändert, was nicht für das Auge bestimmt ist.«

Der Glaube erfordert harte Arbeit; der idealbiblische Mensch war zu ihr fähig und bereit, so entstand die Bibel. Aber auch die Bibel nennt nur wenige biblische Menschen, die Gott aus- und vertragen konnten.
Der Glaube entartet in zwei Formen: Maßlosigkeit und Sentimentalität.
Er wird zum Anspruch und geht leicht über die Lippen

Auf der Höhe seiner Zeit, ist man eine Staubwolke

Eines Tages erschien auf dem Zionsplatz eine Frau mit einer Fackel in der einen, einem Wasserkrug in der andern Hand. »Mit dieser Fackel«, schrie sie, »will ich den Himmel anzünden, und mit diesem Wasser die Hölle löschen, um die Phantome zu verjagen, die mir meinen Gott verbergen und mich nicht an ihn glauben lassen.«
»Du bist ganz Glaube«, sagte ein Mann, der auf sie zuging, »Du hast die Fackel, den Krug und den Schrei, du brauchst den Glauben nicht; Gott segne dich«, sagte der Mann im grellgefleckten Gewande und rollte den Himmel zusammen

Zitatnachweis

»Andere schrieben ihm aus der Seele,
was ihm nicht aus der Feder wollte.«
Fritz Ernst

»Von meiner kleinen Barke aus,
die sich ewig über ihrem Anker dreht,
pfeife ich auf die Strömungen.
Ich bewundere nur die richtigen Schiffe.«
Paul Valéry

»Wir haben zu erfüllen,
was geschrieben steht,
wenn wir zitiert werden wollen.«
Sahadutha

Ich sage Wir,
das ist die Spaltung,
die für mich im Deutschen steht

Die Verlorenheit des Verlorenen
geht in das Finden ein

Es wäre ein Missverständnis,
gäbe ich dir auf deine Frage
meine Antwort,
und nicht deine

Im Widerstreit der Klänge,
bin ich eine Saite, keine Partei

Mit der Zeit rücken die Sätze näher aneinander, und die Gedanken ziehen um. Manche Aphorismen dieses Buches standen schon einmal, in einem anderen Zusammenhang, zwischen anderen zwei Deckeln, auf ihrem verloren scheinenden Posten. Hier stehen nun alle: die jüngsten, die älteren, die alten, um das Verlorene vereint, zur Selbstwehr entschlossen.

Mein Buch *Treffpunkt Scheideweg* (München, Carl Hanser Verlag, 1990) ist diesem nicht nur vorausgegangen, sondern geht ihm weiterhin voraus.

Die von mir in diesem Buch angeführten Zitate sind alle echt, man beachte aber, dass ich die Autoren zitiere, darum manchmal eher im Einvernehmen mit ihnen als in Übereinstimmung mit dem gedruckten Wortlaut, womit ich nicht nur die von mir fast immer gekürzten oder auch, wie bei Engelmann und Unger, entsperrten Stellen meine.

»Das Vergleichen darf nicht zum Ausgleichen werden.«

Zitieren heißt hervorrufen und vernehmbar machen, was besagen will, dass die Toten nicht auch wörtlich tot sind. Zitieren heißt auch wortentführen. Was ich zitiere, würde ich nicht auch gern sagen – ich will es gesagt haben: hier, wie es da steht. So locker es hier steht, so fest ist es verbürgt.

Zur vorliegenden Ausgabe sei vermerkt, dass sie eine überarbeitete, erweiterte meines Buches *Variationen über ein verlorenes Thema, 1997,* ist. Der Leser sei auf zwei weitere Bücher von mir verwiesen, die seine Aufmerksamkeit verdienten, weil sie das *verlorene Thema* gleichfalls umspähen: *Finden macht das Suchen leichter* (2004) und *Die Eselin Bileams und Kohelets Hund* (2007), erschienen im Carl Hanser Verlag, München.

Jerusalem, 16. Siwan 5769 / 8. Juni 2009

S. 5 Jermia 7, 28

S. 5 Wilhelm Michel, Wir heißen euch hoffen! Betrachtungen zur neuen Weltstunde. Darmstadt 1933, S. 31

S. 5 Hermann Broch, zitiert nach: Thomas Koebner, Hermann Broch. Leben und Werk. Bern / München, 1965, S. 60

S. 7 »Wovon ist hier die Rede« – Lazarus Trost, Schriftzüge. Dresden, 1893, S. 29

S. 7 »Ich wünschte, wir könnten eine Zeitschrift gründen, für die man nichts zu schreiben brauchte. […] Eine Zeitschrift von zwei bis vier Seiten… Titel ›L'Essentiel‹. Und nicht als Ideen, in zwei oder drei Zeilen.« – Paul Valéry an Valery Larbaud, 20. April 1924, in: Paul Valéry, Briefe. Übertragen von Wolfgang A. Peters. Wiesbaden, 1954, S. 135. – So ungefähr war auch meine Fantasie von Prozdor, in dem meine ersten Aphorismen erschienen sind.

S. 13 Moses Mendelssohn, Morgenstunden oder Vorlesungen über das Dasein Gottes, 1785, in: Gesammelte Schriften. Nach den Originalabdrucken und Handschriften hg. v. G.B. Mendelssohn, Leipzig 1843, Bd. 2, S. 360

S. 13 Friedrich Maximilian Klinger, Betrachtungen und Gedanken über verschiedene Gegenstände der Welt und der Literatur. Cöln 1803, S. 402

S. 13 Ludwig Wittgenstein, Philosophische Bemerkungen. Aus dem Nachlass hg. v. Rush Rhees. Oxford 1964, im Vorwort (S. 7)

S. 19 »Die Philosophie ist gut« – Matthias Claudius, Eine Correspondenz zwischen mir und meinem Vetter, angehend die Orthodoxie und Religionsverbesserungen. In: Ders. ASMUS omnia sua SECUM portans, oder Sämtliche Werke des Wandsbecker Boten. Original-Ausgabe. Erster Band. Ed. E. Redlich. Gotha 1907, S. 204 / 5

S. 20 »Abraham, den Herr der Sterne« – Goethe, ›Süßes Kind, die Perlenreihen‹ (Aus dem Nachlass. Buch Suleika), in: West-östlicher Divan. Hg. v. Max Rychner, Zürich 1963, S. 146

S. 22 »Das Leben sollte nicht vernünftige Selbstbehauptung.« – Walter Strich, Der irrationale Mensche. Studien zur Systematik der Geschichte. Berlin, 1928. S. 154

S. 23 »Wir können die Verbindung« – Margarete Susman, Gestalten und Kreise. Stuttgart. Konstanz (1954), S. 300

S. 23 »Denn vor dem Gedanken, dass es keinen Gott gibt« – Shaftesbury, Ein Brief über den Enthusiasmus / Die Moralisten. Hg. u. übersetzt v. Max Frischeisen-Köhler. Leipzig [1909] S. 26

S. 24 »Jegliche Zierde gebricht und jedes deutende Zeichen.« – Edurad Mörike, Auf das Grab von Schillers Mutter. Zitiert nach: Das Buch der deutschen Lyrik. Tübingen / Stuttgart MCMXLVII, S. 434

S. 25 »Der Positivismus meint« – Paul Engelmann, Ludwig Wittgenstein. Briefe und Begegnungen. Hg. v. B. F. McGuinness, Wien und München, 1970, S. 77 (Bemerkungen zum Tractatus V / 1)

S. 26 »Man kann die Existenz Gottes« – Ernst Hohenemser, Aphorismen. Rom 1913, Privatdruck. S. 129 (683)

S. 27 »Es ist leichter… « – Ferdinand Ebner, Schriften II: Notizen, Tagebücher, Lebenserinnerungen. Hg. v. Franz Seyr. München, 1963, S. 848

S. 27 »Durch tiefes Denken« – Hippel – als Zitat dem Buch Ernst von Feuchterslebens *Zu Diätetik der Seele* entnommen, um so an eines der schönsten Moralbüchlein deutscher Sprache zu erinnern, das vor 150 Jahren erschienen ist. Nach so vielen Jahren schließe ich mich auch wieder seinem Seufzer über den »noch nie ganz gewürdigten Hippel« an. Vgl. E. v. F, Zur Diätetik der Seele. Nebst ausgew. Aphorismen. Hg. v. Rudolf Eisler. Berlin, [1913], S. 43

S. 29 »Jede Seele – ein AusFlug Gottes« – »… denn die Seele hat kein Geschlecht« – Christina von Schweden, Memories. Aphorismen. Deutsche Übersetzung und Nachwort von Anni Carlsson, München, 1967, S. 103

»Wenn die Lobpreisungen« – Shaftesbury, Ein Brief über den Enthusiasmus / Die Moralisten. Hg. u. übersetzt v. Max Frischeisen-Köhler. Leipzig [1909] S. 28

S. 29 »Dem Einzelnen wird keine Gerechtigkeit« – H.G. Adler, Gerechtigkeit. In: Ders., Der Fürst des Segens. Parabeln. Betrachtungen. Gleichnisse. Bonn 1964, S. 44 f.

S. 31 »Nun ist aber noch eine Frage« – Clara von Bodman an den Autor, Gottlieben, 7. 11. 1977. vgl.: Clara von Bodman / Elazar Benyoëtz, Solange wie das eingehaltene Licht. Briefe 1966–1982. Hg. v. Hildegard Schultz-Baltensperger. Konstanz 1989, S. 149 f.

S. 32 »Und wehe denen, die nichts über dich sagen« – Augustinus, Bekenntnisse, die Stelle in Wittgensteins Übersetzung überliefert, in: Rush Rhees (Hg.), Ludwig Wittgenstein: Porträts und Gespräche. Übers. von Joachim Schulte. Frankfurt a.M. 1985, S. 133

S. 35 » … bekenne und sprich dein Bekenntnis – das ›Höre Israel‹ - in jeder dir vertrauten oder geläufigen Sprache« – »Jesus aber antwortete ihm: Das vornehmste Gebot vor allen Geboten ist das: ›Höre, Israel, der Herr, unser Gott, ist ein einiger Gott; und du sollst Gott, deinen Herrn, lieben von ganzem Herzen, von ganzer Seele und von allen deinen Kräften‹. Das ist das vornehmste Gebot.« Markus 12,29, in Luthers Übersetzung

S. 37 »Gott schaute in die Tora und schuf die Welt« –
היה מביט בתורה ובורא את העולם – Midrasch Genesis Rabba

S. 37 »In ihren Anfängen ist jede Gestaltung von Mythen durch Worte bestimmt.« – Fritz Medicus, Das Mythologische in der Religion. Eine Philosophische Untersuchung. Erlenbach-Zürich (1944), S. 132

S. 38 »Weswegen man schreiben muss« – Constantin Brunner, vgl.: Lotte Brunner, Es gibt kein Ende; die Tagebücher. Hamburg (1970), S. 147

S. 38 »Die Jünger Jesu« – Carl Ludwig Schleich, Aus dem Nachlaß. Hg. v. Wolfgang Goetz mit Unterstützung von Hedwig Schleich. Berlin, 1924, S. 60

S. 38 »Auch diese Zunge Gottes« – Friedrich Heinrich Jacobi, Zufällige Ergießungen eines einsamen Denkers, in: Ders., Werke, Bd. 1, Leipzig 1812, S. 283

S. 39 »Die Mystik ist nicht geduldig genug« – Kierkegaard, Tagebücher, 11. Juli 1840

S. 40 »Ich bin nicht Gott… « – Aron David Gurewitsch, Zur Grundlegung einer Synthese des Daseins. Aus dem Nachlaß hg. v. Maria Gurewitsch. Zürich und Leipzig, 1935, S. 142

S. 42 »Doch weil man das Wachs der Sonne nicht anvertrauen kann« – Basilius an Libanius; vgl.: Des Heiligen Kirchenlehrers Basilius des Grossen Bischofs von Caesarea Ausgewählte Briefe. Aus dem Griechischen Urtext übersetzt v. Anton Stegmann, München, 1925, S. 347

S. 42 »Die Wiederbelebung der Religion« – Thornton Wilder, Schluss des Vorwortes zu den Dreiminutenspielen. Zitiert nach: Karl Schefold, Griechische Kunst als religiöses Phänomen. Hamburg 1959, S. 134

S. 43 »Betrachte den Traum« – Carl Ludwig Schleich, Aus dem Nachlaß. Hg. v. Wolfgang Goetz mit Unterstützung von Hedwig Schleich. Berlin, 1924, S. 26

S. 44 »Nur mit diesen Lumpereien verschone man uns« – Richard Wahle, Die Tragikomödie der Weisheit. Die Ergebnisse und die Geschichte des Philosophierens. Ein Lesebuch. Wien und Leipzig, Braumüller, 1915, S. 78 f.

S. 44 »Die Wahrheit ist schon an sich« – Der heilige Ephraem des Syrers Ausgewählte Schriften. Aus dem Syrischen und Griechischen übersetzt v. Otto Bardenhewer u. Sebastian Euringer […] Bd. 1. Kempten / München, 1919, S. 176

S. 45 »Ganz und rein kann der Mensch die Wahrheit« – Friedrich Heinrich Jacobi, Zufällige Ergießungen eines einsamen Denkers, in: Ders. Werke, Bd. 1, Leipzig 1812, S. 284

S. 45 »Für eine neue Wahrheit spricht das Neue, nicht die Wahrheit« – »Uns ist es unerlässlich, dass die Dinge immer intensiver, schneller, präziser, konzentrierter, erstaunlicher werden. Das Neue, was doch seinem Wesen nach das Vergängliche ist, hat für uns eine so hervorragende Qualität, dass seine Abwesenheit uns alles andere verdirbt, und seine Anwesenheit alles ersetzt. […] Oft genug ist es der Fall, dass die systematische Verfolgung des Neuen eine Form minderer Energie ist – eine einfache Erleichterung.« – Paul Valéry in seinem Vorwort zu: Cheng Tcheng, Meine Mutter. Übersetzt von Paul Cohen-Portheim. Berlin 1929, S. Xff.

S. 45 »Es kommt darauf an, dass der Mensch die Welt sich raubt« – Adolf Kölsch, Das Erleben. Berlin, 1919, S. 3

S. 46 »Ich möchte eher und leichter« – F. M. Klinger, Betrachtungen und Gedanken über verschiedene Gegenstände der Welt und der Literatur. Cöln 1803 S. 354 f.

S. 47 »Gib Deine Unsterblichkeit auf.« – »Wo in aller Welt werden wir denn hingehen, wenn wir unsterblich sind?« Gert Kutscher (Hg.), Alt-Aztekische Gesänge… Übersetzt und erläutert von Leonhard Schultze Jena. Stuttgart 1957, S. 135 (230)

S. 50 »Recht vor Gott« – Arnold Mendelssohn, Gott Welt und Kunst. Aufzeichnungen. Darmstadt 1949, S. 280

S. 51 »Der Glaube eines jeden ist« – Ernst von Lasaulx, Neuer Versuch einer alten auf die Wahrheit der Tatsachen gegründeten Philosophie der Geschichte. München, 1856, S. 102. Vgl.: »Das orthodoxe Christentum hat den Zweifel an seinen metaphysischen Thesen niemals zugelassen; ihn völlig zu hindern, hat es in seiner vielverschlungenen Geschichte allerdings nicht vermocht. Aber es gehörte schon die überlegene geistige Freiheit und der Mut des jungen Schleiermacher dazu, um 1799 in den Reden »Über die Religion« die Behauptung zu wagen, »dass Glaube an Gott abhängt von der Richtung der Fantasie«, dass die wahrhaft religiösen Menschen nie »Eiferer, Enthusiasten oder Schwärmer für das Dasein Gottes« gewesen seien; »mit großer Gelassenheit haben sie das, was man Atheismus nennt, neben sich gesehen, und es hat immer etwas gegeben, was ihnen irreligiöser schien als dieses.« Fritz Medicus, Das Mythologische in der Religion. Eine Philosophische Untersuchung. Erlenbach–Zürich (1944), S. 113

S. 53 »Im Talmud ist zu lesen, daß jemand, der sich lahm…stellt « – Georg Langer, Der Rabbi, über den der Himmel lachte. Die schönsten Geschichten der Chassidim. Aus dem Tschechischen von Friedrich Thieberger. Vorwort von Gershom Scholem. Bearbeitete Neuausgabe der unter dem Titel »Neun Tore« erschienenen Erstausgabe. Bern / München / Wien, 1983, S. 196 f.

S. 54 »Herr, schenke mir Sinn für Humor« – Thomas Morus, Gebet um Humor. Zitiert nach: Gebete der Menschheit. Religiöse Zeugnisse aller Zeiten und Völker. Hg. von Alfonso M. die Nola. Zusammenstellung und Einleitungen der deutschen Ausgabe von Ernst Wilhelm Eschmann. Düsseldorf–Köln 1963, S. 329

S. 55 »Du wusstest es ja gar nicht von mir!« – Hans Henny Jahnn, Die Nacht aus Blei. Roman. München, dtv, 1962, S. 81

S. 57 »Die Stufen des Lebens« – Ernst Fuhrmann, Wege. Versuch angewandter Biosophie. Als Ms gedruckt, Frankfurt a.M. [1930], S. 99

S. 58 »Mitleid verdient« – Eliphas Levi, Das Buch der Weisen. Wien. München-Planegg. Leipzig, 1928, S. 151

S. 58 »Die Casteiungen katholischer Zucht.« – Karl Hase, Handbuch der protestantischen Polemik gegen die Römisch-Katholische Kirche. Dritte, verbesserte Auflage. Leipzig 1871, S. 275

S. 59 »Können Sie sich vorstellen, Augustinus würde…. « – Ludwig Wittgenstein zu M. O'C Drury, in: Rush Rhees (Hg.), Ludwig Wittgenstein: Porträts und Gespräche. Übers. von Joachim Schulte. Frankfurt a.M. 1985, S. 133

S. 60 »Wie schön ist Tod noch vor des Zweifels Ende.« Ernst Fuhrmann, Schriften in Auswahl. Bd. I, Hamburg, 1914, S. 55

S. 61 »Goethe hatte durchaus unrecht…« – Aldous Huxley, Das Genie und die Göttin. Roman. Übertragen von Herberth E. Herlitschka, Frankfurt a.M., 1958, S. 54

S. 62 »Diese Welt ist eine alte; diese Welt ist eine neue.« – Ferdinand von Eckstein, Geschichtliches über die Askesis der alten heidnischen und der alten jüdischen Welt als Einleitung einer Geschichte der Askesis des christlichen Mönchthums. Mit einem Vorwort v. Joh. Jos. Ign. Von Döllinger, Freiburg i.Br., 1862, S. X

S. 63 »Nicht darin liegt oder lag je das Problem: ob Gott ist oder nicht« – D.H. Lawrence, Religiös sein. Aus dem Englischen von Philipp Lehrs, in: Insel-Almanach auf das Jahr 1925, Leipzig, S. 15 f.

S. 63 »Der Mensch ist so geartet, dass das Wort ›Gott‹ eine besondere Wirkung auf ihn hat, sei es auch nur die eines Sicherheitsventils für seine Gefühle, wenn er fluchen oder rasen muß.« – »Er bessert das Lumpige aus, errichtet Gräber, / Und um dich zu denken, Ewiger, / Hat er nichts als Flüche.« – Giuseppe Ungaretti, Barmherzigkeit, in: Gedichte. Italienisch / Deutsch. Übertragen von Ingeborg Bachmann, München / Zürich 1995, S. 113

S. 64 »Gottes schaffende Hand« – Ricarda Huch, Der Sinn der Heiligen Schrift. Leipzig, 1919, S. 24

S. 65 »Die Welt kann nicht leiden, was sie lobt« – Sebastian Franck, Paradoxa. Eingeleitet von W. Lehmann, hg. v. Heinrich Ziegler Jena, MCMIX, S. 231

S. 69 »Es ist nicht die Sünde« – Hermann Cohen, Ethik der reinen Willens. Berlin, 1904, S. 283

S. 69 »zugleich mit der Sünde des Individuums entdeckt Ezechiel den Begriff der Buße.« – »Was ist Sündigen wert, / Wenn es nicht mehr zur Reinheit führt.« – Giuseppe Ungaretti, Barmherzigkeit. Übertragen von Ingeborg Bachmann, in: Giuseppe Ungaretti, Gedichte. Italienisch / Deutsch. München / Zürich 1995, S. 107

S. 71 Welt und Paradies. Vgl. Elazar Benyoëtz, Treffpunkt Scheideweg. München, Carl Hanser, 1990, S. 55 - 57

S. 73 »In einer kleinen Regenecke steht« – Alfred Lichtenstein, Das Ende. In: Gesammelte Gedichte, hg. Von Klaus Kanzog. Zürich, 1962, S. 73

S. 74 »Erinnerungen sind mehr als Kleider« – Anne Frank, Tagebuch. Aus dem Holländischen von Anneliese Schütz. 12. Auflage, Heidelberg, 1988, S. 26. – am Mittwoch, 8. Juli 1942 schreibt AF »… Erinnerungen sind mir mehr wert als Kleider«, Marie Baum zitiert die Stelle in ihrem Vorwort »Erinnerungen sind mehr wert als Kleider«. In der Fassung von Otto H. Frank und Mirjam Pressler, aus dem Niederländischen von Mirjam Pressler, Frankfurt a.M., 2001, S. 33 lautete die Stelle: »… ich mache mir mehr aus Erinnerungen als aus Kleider.«

S. 78 »Verkommene Sehnsucht klafft weit wieder auf.« – Alfred Lichtenstein, Wanderer im Abend. In: Gesammelte Gedichte, hg. Von Klaus Kanzog. Zürich, 1962, S. 80

S. 85 »Zukunft war mir immer ein merkwürdiges Wort« – Carl J. Burckhardt an Werner Heisenberg, 30. 11. 1971, in: Carl J. Burckhardt, Briefe aus den letzten Jahren. München 1977, S. 37

S. 87 »Zu Zeugen habe ich heuttags« – Die fünf Bücher der Weisung. Verdeutscht von Martin Buber gemeinsam mit Franz Rosenzweig. Berlin, 1930, S. 627 f.

S. 88 »Jemand findet den Messias« – nach Sanhedrin 98a.

S. 88 »Mein Atem heißt / jetzt« – Rose Ausländer, Mein Atem; in: Ich höre das Herz des Oleanders. Gedichte 1977-1979. Frankfurt a.M. 1984, S. 96

S. 89 »Willst du sorglos wandern / bis ans Lebensziel.« – Ludwig August Frankl, Rath. In: Ders., Gesammelte poetische Werke. 1. Bd. Lyrische Gedichte. Wien / Pest / Leipzig 1880, S. 218

S. 89 »Rabbi Mendel hielt die Gebetzeiten nicht ein.« – Georg Langer, Der Rabbi, über den der Himmel lachte. Die schönsten Geschichten der Chassidim. Aus dem Tschechischen von Friedrich Thieberger. Vorwort von Gershom Scholem. Bearbeitete Neuausgabe der unter dem Titel »Neun Tore« erschienenen Erstausgabe. Bern / München / Wien, 1983, S. S. 201

S. 90 »Die Handlung, die man durch das Sprechen begeht« – Joseph Dahlmann, Die Mahabharata-Philosophie als Naturlehre und Erlösungslehre Berlin, 1902, S. 115

S. 92 »Gebirge gleiten ins Meer der Schnelligkeiten.« – Alfred Wolffenstein, Fahrt, in: Max Niedermayer (Hg.), Lyrik des expressionistischen Jahrzehnts. Von den Wegbereitern bis zum Dada. Einleitung von Gottfried Benn. München, 1962, S. 132

S. 93 »Es stirbt mit jedem Menschen um so viel mehr« – Moritz Heimann, Reinhard Sorge [Nachruf], in: NDR Jg 27, 1916, Band 2, S. 1292

S. 94 f Brief an Rufus Flügge, Tel-Aviv, 16. 5. 1976

S. 96 »Weltspät nach silbernen Ewigkeiten.« – Alfred Mombert, zitiert nach: Hans Hennecke, Alfred Mombert. Eine Einführung in sein Werk und eine Auswahl. Wiesbaden, 1952, S. 19

S. 96 »Je mehr die Menschen« – Ricarda Huch, Der Sinn der Heiligen Schrift. Leipzig, 1919 , S. 179

S. 96 »Wir geben dem Leben einen Sinn; also tun wir es auch dem Tode.« – Moritz Heimann, Reinhard Sorge [Nachruf], in: NDR Jg 27, 1916, Band 2, S. 1292

S. 97 Ordination – Für Silke Alves, anlässlich ihrer Ordination, am 13. 12. 1992 in der Evangel.-Tiberias Kirche zu Frankfurt a.M. / Sossenheim gesprochen

S. 100 »Auserwählt – der Ungnade ausgesetzt« – Elazar Benyoëtz, Treffpunkt Scheideweg, München, 1990, S. 17

S. 101 »Es hilft nicht, wenn man schön liest« – Sebastian Franck, Paradoxa. Eingeleitet von W. Lehmann, hg. v. Heinrich Ziegler. Jena, MCMIX, S. 262 ff

S. 102 »Die, welche die Offenbarung wirklich hören« – Leo Strauss, Die Religionskritik Spinozas als Grundlage seiner Bibelwissenschaft. Untersuchungen zur Spinozas Theologisch-politischem Traktat. Berlin, 1930, S. 164

S. 102 »Es hat sich das sinnreiche Wort eines chassidischen Rabbi bewahrheitet« – Jakob Klatzkin, Probleme des modernen Judentums. Berlin: Jüdischer Verlag 1918, S. 135

S. 103 Conrad Ferdinand Meyer, Weihgeschenk. In: Sämtliche Gedichte. Mit einem Nachwort v. Sjaak Onderderlinden. Stuttgart, 1978 UB 9885, S. 126

S. 103 »Was mir bei der Arbeit noch schwer fällt« – An Dorkas Michaelis, Jerusalem, den 10. 10. 1995. – »Sylvester de Sacy bereiteten vor allem die Zitate aus dem Alten Testament, die im Neuen Testament vorkommen, große Sorge. Er begegnete so vielen Schwierigkeiten bei ihrer Rechtfertigung, daß er, der in Zitaten sehr genau war, schließlich zugab, daß die beiden Testamente, jedes für sich allein genommen, unfehlbar seien. Doch das Neue Testament ist nicht unfehlbar, wenn er das Alte zitiert.« Ernest Renan, Jugenderinnerungen. Deutsch von Hannah Szass. Mit einer Einleitung von Stefan Zweig. Frankfurt a.M. 1925, S. 255

S. 103 »Das Bessere, das noch lange nicht das Gute« – Richard von Schaukal, Einsame Gedankengänge 1934–1939. München, 1947, S. 244

S. 105 »Es ist ja eine Ehre für einen Menschen, an so hohen Dingen zu verzweifeln.« – Saint-Beuve über Pascal, in: Literarische Porträts aus dem Frankreich des XVII.–XIX. Jhs. Hg v. Stefan Zweig, Frankfurt a. M., (1923), S. 119

S. 107 »Nur stimmte die Übersetzung nicht mehr« – עבודה bezeichnet die öffentliche Gottesverehrung in dem Priester- und Levitendienst im Tempel. Dessen jetziger Stellvertreter ist das Gebet und heißt עבודה (Sifri zu 5. Mos. 11,13). Vgl. Salomon Plessner, Belehrungen und Erbauungen in religiösen Vorträgen zunächst für Israeliten. Zweiter Jahrgang. Zweiter Band, Berlin, 1837, S. 319 u. 326 עבודת פנים, עבודת חוץ. Der äußere Dienst schützt vor allzugroßer Innigkeit, vor heftigen Ausbrüchen des begeisterten Gefühls und lässt den in Gott schwärmenden menschlichen Geist sich immer wieder orientieren. Mit dem Hinweis auf Salomon Plessner hielt ich lange zurück: Ein Mensch reichen Wissens und ordnenden Geistes; die *Predigt* gab ihm das Maß, man kann das Maß der Predigt an ihm nehmen. Seine Predigt ist nicht leer, auch einer poetischen Ader nicht bar; er hat allerwegs Gott und die Jugend vor Augen. Man wird von ihm heute schwerlich lernen wollen, das kann man einsehen, die Einsicht müsste erhellt werden. Er sei hiermit empfohlen.

S. 108 »Sechsunddreißigmal kommt das Wort ›Licht‹ in den fünf Büchern Mosis vor« – Georg Langer, Der Rabbi, über den der Himmel lachte. Die schönsten Geschichten der Chassidim. Aus dem Tschechischen von Friedrich Thieberger. Vorwort von Gershom Scholem. Bearbeitete Neuausgabe der unter dem Titel »Neun Tore« erschienenen Erstausgabe. Bern / München / Wien, 1983, S. 160 f.

S. 109 Clara von Bodman an EB, Gottlieben, 27. 12. 1967, vgl. Clara von Bodman / Elazar Benyoëtz, Solange wie das eingehaltene Licht. Briefe 1966–1982.Hg. v. Hildegard Schultz-Baltensperger. Konstanz 1989, S. 64 f. *Manuel* – ihr Ehemann, der Dichter Emanuel von Bodman

S. 110 Theodor Storm, Gedichte. Herausgegeben und eingeleitet von Walther Herrmann. Leipzig, Reclam, [1919], S. 57

S. 110 »Wir können qua Juden« – Salomon Ludwig Steinheim an Leopold Zunz, 19. 10. 1843, in: Jahrbuch für jüdische Geschichte u. Literatur Bd. 31 / 1938, S. 284

S. 111 »…ich kann nicht meine Hoffnung« – Franz Rosenzweig an Margrit Rosenstock-Huessy, 26. VIII. 1919, in: Franz Rosenzweig, Die »Gritli«-Briefe. hg. von Inken Rühle und Reinhold Mayer, mit einem Vorwort von Rafael Rosenzweig. Tübingen 2002, S. 400

S. 119 »Zum Erfolg des Vaterunsers gehört…« – Es will schon etwas heißen, wenn Markus das Vaterunser nicht kennt. Vgl. Elazar Benyoëtz, Finden macht das Suchen leichter, München 2004, S. 229 u. 151

S. 120 »Einst, vor Jahrhunderten« – Friedrich Heinrich Jacobi, Zufällige Ergiessungen eines einsamen Denkers, in: Ders., Werke, Bd. 1, Leipzig 1812, S. 152

S. 120 »… dass man ins Beten unterwiesen werden muss, es aber auch lernen kann« – »Luther erzählte dem Barbier, Meister Peter, der ihm um Belehrung bat, wie man beten solle, daß er selbst sich nicht an bestimmte Worte binde, wiewohl er mit dem Vaterunser anzufangen pflege. Darüber komme er oft, wie er sich ausdrückt, in reiche Gedanken spazieren: ›Und wenn auch solche reiche gute Gedanken kommen, so soll man die anderen Gebete fahren lassen und solchen Gedanken Raum geben und mit Stille zuhören und beileibe nicht hindern: denn das predigt der Heilige Geist selber. Und seiner Predigt ein Wort ist viel besser denn unserer Gebete tausend. Und ich habe auch also oft mehr gelernt in einem Gebet, als ich aus viel Lesen und Dichten hätte kriegen können.‹ …« – Ricarda Huch, Luthers Glaube. Briefe an einen Freund. Leipzig 1920, S. 88 f.

S. 121 »Es gibt viele Gleichnisse im Evangelium« – Wassilij Rosanow, Solitaria. Ausgewählte Schriften. Deutsch von Heinrich Stammler. Hamburg / München, 1963, S. 282 - 285

S. 122 »Das Christentum ist die Religion des Sohnes« – Miguel de Unamuno, Die Agonie des Christentums. Deutsch v. Otto Buek. München, 1928, S. 165

S. 122 »...er betete, um seine Übereinstimmung« – Der heilige Ephraem des Syrers Rede über die Auferweckung des Lazarus, in: Ausgewählte Schriften [Prosa]. Aus dem Syrischen und Griechischen übersetzt v. Sebastian Euringer. Bd. 1, Kempten / München, 1919, S. 175 f.

S. 125 »Hätte Thomas nicht gezweifelt« – »Zuletzt, da die Elf zu Tische saßen, offenbarte er sich und schalt ihren Unglauben und ihres Herzens Härtigkeit, dass sie nicht geglaubt hatten denen, die ihn gesehen hatten auferstanden.« Markus 16, 14. Das macht den ganzen Unterschied – zu Gunsten des Thomas aus

S. 130 »Frag ich dich also, ob du an Gott glaubst.« – D.H. Lawrence, Religiös sein. Aus dem Englischen von Philipp Lehrs, in: Insel-Almanach auf das Jahr 1925, Leipzig, S. 24 f.

S. 133 »Verkündigung wesenhafter Lebensgehaltes, Prophetie« – Fritz Medicus, Das Mythologische in der Religion. Eine Phil. Untersuchung. Erlenbach–Zürich, (1944), S. 114

S. 133 »Man hat nicht mehr Erkenntnis« – Albrecht Fabri, Der rote Faden. Essays. München, 1958, S. 79

S. 134 »Die deutsche Aufklärung« – Ludwig Stein, zitiert nach: Franz Oppenheimer, System der Soziologie, Bd. 1 / I, Jena 1922, S. 39

S. 136 »Religion ist das Tauwetter des Egoismus.« – Friedrich Theodor Vischer, Kritische Gänge. Hg v Robert Vischer. Zweite verm. Auflage. München, o.J. 1. Bd, S. 284

S. 136 »Die Moral ist Vorschrift« – Friedrich Theodor Vischer, Kritische Gänge. Hg v Robert Vischer. Zweite verm. Auflage. München, o.J. 1. Bd, S. 284

S. 139 »Ich bin kein Beter« – A. Cl. Kensik, Zwischen Frage und Antwort. Aus Gesprächen mit Rudolf Kassner. Neue Zürcher Zeitung/ Literatur und Kunst, 7. Sept. 1958, Blatt 5

S. 141 »Gewaltig ist das Gebet,« – Rigveda 6,51,8, zitiert nach: K.F. Geldner, Vedismus und Brahmanismus, Tübingen 1928, S. 56

S. 142 »Wenn Luther« – Ricarda Huch, Luthers Glaube. Briefe an einen Freund. Leipzig, 1920, S. 206

S. 142 »Zugleich will ich Unmissverständlich erklären« – Ernst Barlach an Fritz Schumacher, vgl.: Paul Schurek, Begegnungen mit Barlach. Ein Erlebnisbericht. München, 1959, List-Bücher 129, S. 69

S. 142 »Meine Seele ist ein Sturzbach« – Pater Hyazinth, nach: Miguel de Unamuno, Die Agonie des Christentums. Deutsch v. Otto Buek. München, 1928, S. 169

S. 143 »Gott verlangt von dir ein einziges Opfer: deinen Unglauben« – »Ich glaube, lieber Herr, hilf meinem Unglauben!« (Markus 9, 24). Dem Unglauben ist aber nicht zu helfen; nur der Glaube versetzt Berge, Wunder und Zeichen vermögen das nicht: – »Und er wirkte dort nicht viele Wunder ihres Unglaubens wegen.« (Matth. 13, 58). – »Doch Jesus wandte sich zu der Menge und fragte: ›Wer hat meine Obergewänder angerührt?‹ In Furcht gesetzt und zitternd, da sie wusste, was ihr geschehen war, kam die Frau, fiel vor ihm nieder und sprach zu ihm die ganze Wahrheit. Er aber sprach zu ihr: ›Tochter! Dein Glaube hat dich gerettet‹. « (Markus 5,25-34)

S. 144 »Ein Gebet darf niemals beantwortet werden« – Oscar Wilde, nach: Laurence Housman, Gespräche mit Oscar Wilde. Ein Zusammentreffen in Paris. Aus dem Englischen v. Herman George Scheffauer. Berlin, 1925, S. 71

S. 144 Zum anonymen Gebet: Schmuel Hugo Bergman, Tagebücher und Briefe Bd. 2 1948–1975. Hg. v. Miriam Sambursky. Mit einer Einleitung von Nathan Rotenstreich. Königstein/Ts 1985, S. 518 f

[31. 12. 1966] Ich will den Jahresbericht mit einer Karte schließen, die mir Mosche [Klibanoff] geschrieben hat:

»Lieber Professor Bergmann, hier sind zwei Gebete, die ich in einem alten Readers' Digest auf einer Bank gefunden habe (Autor unbekannt)!

S. 145 »Die letzten Phasen von Religionslehren« – Ernst Fuhrmann, Wege. Versuch angewandter Biosophie. Als Ms gedruckt, Frankfurt a.M. [1930], S. 47

S. 146 »Allerdings lehrt die Bibel« – Ricarda Huch, Der Sinn der Heiligen Schrift. Leipzig 1919, S. 9 f.

S. 146 »Verworrne Demuth ist das Beten« – Nicolaus Lenau, Faust. Ein Gedicht. Zweite, ausgeführte Auflage. Stuttgart / Tübingen, 1840, S. 18

S. 147 »Herr mein Gott, gewähre mir die Gnade...« Charles Baudelaire, Raketen. Die beiden Tagebücher nebst autobiographischem Entwurf. Hg. und eingeleitet v. Erich Oesterheld. Berlin, 1909, S. 53; vgl. Intime Tagebücher aus dem Französischen Rudolf Palester, Bern, 1952, S. 95

S. 148 f. Briefwechsel von Theodor Fontane und Paul Heyse 1850–1897. Hg. v. Erich Petzet. Berlin, (1929), S. 177 u. 183

S. 148 Leopold Ranke, Zur eigenen Lebensgeschichte. Hg. v. Alfred Dove. München, 1890, S. 655

S. 148 Psalm in Martin Bubers Verdeutschung. Das Buch der Preisungen. Berlin, [1934], S. 270

S. 150 »Leidet jemand unter euch, der bete« – Der Brief des Jakobus 5,13

S. 150 »Und wir erleben ein Großes und Neues« – Walther Classen, Großstadtheimat. Beobachtungen zur Naturgeschichte des Großstadtvolkes, 2. Auflage, Hamburg, 1915, S. 192 f.

S. 150 »Rabbi Mendels berühmtester Schüler war Rabbi Jizchak Meir« – Georg Langer, Der Rabbi, über den der Himmel lachte. Die schönsten Geschichten der Chassidim. Aus dem Tschechischen von Friedrich Thieberger. Vorwort von Gershom Scholem. Bearbeitete Neuausgabe der unter dem Titel »Neun Tore« erschienenen Erstausgabe. Bern/München/Wien, 1983, S. 204 f.

S. 151 »Krankheit – ein Zustand der Schuld.« Siehe Jakobusbrief 5,16

S. 151 »Wie kann Gott die langen Demütigungen im Gebet« – Cesare Pavese, Das Handwerk des Lebens. Tagebuch 1935–1950. Deutsch von Charlotte Birnbaum. Frankfurt a. M., 1974, S. 274 f. (12. April 1944)

S. 151 »Gibt es auch etwas Merkwürdigeres als … « – Ferdinand Ebner, Schriften II: Notizen, Tagebücher, Lebenserinnerungen. Hg. v. Franz Seyr. München, 1963, S. 642

S. 151 »Selbstverständlich gibt es billige« – Raymond Chandler an Helga Greene, 25. 5. 1957, in: Chandler über Chandler. Briefe, Aufsätze, Fragmente. Hg. v. Dorothy Gardiner und Kathrine Sorley Walker. Übers. von Wilm Elwenspoek. Frankfurt a.M. / Berlin 1965, S. 78

S. 152 »Die letzte Stunde« – Angelika von Michalowska, in: Deutsche Lyriker seit 1850. Mit literarhistorischer Einleitung und biographisch-kritischen Notizen von Dr. E. Kneschke und M. Moltke Leipzig 31873 , S. 444

S. 152 »Zuweilen scheint es« – Dmitri Mereschkowski, Prophetentum und Provokation, in: Ders., Auf dem Wege nach Emmaus. Essays. Ausgewählt und übertragen von Alexander Eliasberg, München, 1919, S. 160

S. 153 »Jedenfalls bin ich sehr traurig« – Ursula Groll an den Verfasser, Darmstadt, 22. 3. 96

S. 153 »O Gott! Gib mir Kraft« – August Graf Platen, Tagebücher. Im Auszuge hrg. v. Erich Petzet. München / Leipzig, o.J. S. 174 f.

S. 154 »… meine Zentrale Überzeugung…« – Eugen Rosenstock-Huessy, Ja und Nein. Heidelberg 1968, S. 159

S. 155 »In den Papieren Geymüllers« – Carl Neumann, Jacob Burckhardt. München, 1927, S. 397
Die französischen Zeilen in Geymüllers Gebet lauten auf Deutsch, in Harald Weinrichs Übersetzung: »Einige Demutsworte zu sammeln und unseren himmlischen Vater in Seinem liebevollen Erbarmen anzurufen, er möge ihm noch mehr von jenen Strahlen des Glaubens an Ihn und an Christus zuteil werden lassen, deren wir alle sehr bedürfen.«

S. 156 »Aber mein Auge … « Hiob 16,20

S. 156 »Ferner sagte Rabbi Elazar« – Berachot 32b

S. 156 »Ich habe viel Falsches im Leben getan« – Ludwig Meidner an Herbert Ihering, Darmstadt, 30. März 1965; in: Ders. Dichter, Maler und Cafes. Erinnerungen. Hg. v. Ludwig Kunz. Zürich 1973, S. 97

S. 156 »Blutlose Bäume lösen sich in Rauch. / Und Schatten schweben, wo man Schreie hört.« – Alfred Lichtenstein, Nebel, in: Gesammelte Gedichte, hg. Von Klaus Kanzog, Zürich 1962, S. 59

S. 157 ZyklonB – vgl.: Elazar Benyoëtz, Geht man in sich, wird man erinnert, in: Jens Stüben / Winfried Woesler / Ernst Loewy (Hg.), Wir tragen den Zettelkasten mit den Steckbriefen unserer Freunde. Beiträge jüdischer Autoren zur deutschen Literatur seit 1945. Darmstadt 1993, S. 126–135 (besonders S. 131).

S. 157 ›Aschräj‹ meint Psalm 145, der täglich dreimal gesagt wird und darum sprichwörtlich für Geläufiges gilt, das leicht und fast unbedacht über die Lippen geht. Dem Psalm sind zwei Verse vorausgeschickt: Psalm 84,5 und 144,15, mit ihnen beginnt das Gebet also: »Aschräj joschwäj bäjtecha« – Selig, die in deinem Haus sitzen.

S. 161 »...die Wörter um Bilder geschlungen« – Waltraud Seidlhofer, Te Anau. Wilderness. Zeilen. Baden bei Wien 2001, S. 42

S. 162 »...weil meine geistige Verfassung mich daran hindert« – Alexis Carrel, Tagebücher eines Lebens. Aus dem Französischen Charlotte Tessmer-Hess, München, 1957, S. 19

S. 162 »Rabbi Mendel von Kozk war einmal in Prag« – Georg Langer, Der Rabbi, über den der Himmel lachte. Die schönsten Geschichten der Chassidim. Aus dem Tschechischen von Friedrich Thieberger. Vorwort von Gershom Scholem. Bearbeitete Neuausgabe der unter dem Titel »Neun Tore« erschienenen Erstausgabe. Bern / München / Wien, 1983, S. 199

S. 163 »Wenn der Buchstab dich gefangen« – Werd ein Kind! Historie der Wiedergeborenen, in: Achim von Arnim und Clemens Brentano (Hg.), Des Knaben Wunderhorn. Alte deutsche Lieder 1.Teil, München, 1963 (dtv), S. 195

S. 163 »Der Reim ist das große Kriterium.« – Carl Schmitt, Glossarium Aufzeichnungen der Jahre 1947–1951, Hg. Eberhard von Modem, Berlin 1991, S. 276 f.

S. 164 Plutarch, »Warum Pythja nicht mehr in Versen antwortet?« In: Vermischte Schriften. Mit Anmerkungen nach der Übersetzung von Kaltwasser vollständig herausgegeben. Zweiter Band. München / Leipzig, 1911, S. 243–285

S. 165 »Liebet eure Feinde« – 2. Mose 23,5: »So du siehest den Esel deines Hassers erliegend unter seiner Last...«

S. 165 »Man schlägt nicht Brücken, wann die Flut vertrocknet ist« – Indische Sagen übersetzt von Adolf Holtzmann, neu herausgegeben von M. Winternitz, Jena 1913, S. 227

S. 166 »Es ist kein Hader oder Krieg« – Sebastian Franck, Paradoxa. Eingeleitet von W. Lehmann, hg. v. Heinrich Ziegler Jena, MCMIX, S. 244

S. 167 »Wir beteten hinter dem Propheten und sagten« – Eine mehrfach wiederkehrende Traditon bei Bochari im Namen des Abdulla'h [b. Mas'ud]. Diese Tradition knüpft an eine Stelle des Qoran's an und wird auch bei Bochari I, 186 von ihr hergeleitet. In Sure 59, 23 heißt es: »Er ist Gott, der Friede«. Die Tradition hat ihre Qulle in dem rabbinischen Ausspruch (Schabbat 10b) »Da Gott selbst in dem Ausdruck שלום / Schalom genannt wird (Richter 6,24), so ist es verboten, in den (unreinen) Räumen des Badehauses das Wort Schalom zum Gruß auszusprechen.« Vgl. Jakob Barth, Midraschische Elemente in der muslimischen Tradition, in: Festschrift zum siebzigsten Geburtstage Abraham Berliners. Hg. Von A. Freimann und M. Hildesheimer. Frankfurt a. M 1903, 33-40

S. 168 »Es kommt die Zeit, da auch David verrückt spielen muss« – Erstdruck: ICHMANDU. Der Herrlinger Drucke Neue Folge 3 – Herrlingen bei Ulm, im Februar 2000

S. 168 »Gehör, Gesicht, Gefühl, Geschmack« – Indische Sagen übersetzt von Adolf Holtzmann, neu herausgegeben von M. Winternitz, Jena, 1913, S. 267

S. 171 »Keine Woge Sehnsucht unruht mehr im Raum.« Alfred Mombert, zitiert nach: Hans Hennecke, Alfred Mombert. Eine Einführung in sein Werk und eine Auswahl. Wiesbaden, 1952, S. 19

S. 173 »Dichter sind es, die die Epochen« – Hugo von Hofmannsthal, Notizen zu einem Grillparzervortrag, in: Corona Jahr X Heft 5, S. 602

S. 173 »Mit Gott auf Biegen oder Brechen,« – Paul Koppel, Im Hinblick. Ein- und Aussichten. Wiesen, 1997, S. 19

S. 173 »Er konnte und wollte nicht sehen« – Karl Vossler über Victor Hugo, in: Ders. Die romanische Welt. München, 1965, S. 294

S. 175 »Gott, Natur und Vernunft haben« – Johann Georg Hamann an Friedrich Heinrich Jacobi, Königsberg den Iten Christm. 1784, zitiert nach: Friedrich Heinrich Jacobi's Werke, Bd. 1, Leipzig, 1812, S. 393

S. 175 »Für den Theologen zwar ein nothwendiges Mittel« – Werner Carl Ludwig Ziegler, Neue Übersetzung der Denksprüche Salomo's im Geist der Parallelen mit einer vollständigen Einleitung, philologischen Erläuterungen und practischen Anmerkungen. Leipzig 1791, S. X

S. 175 »Es ist notwendig, das Judentum zu etwas absolute Gegenwärtigem« – Erich Unger, Die staatslose Bildung eines jüdischen Volkes. Vorrede zu einer gesetzgebenden Akademie. Berlin 1922, S. 23

S. 176 »An uns sollt ihr lernen: Nicht über das hinaus« – 1. Korinther 4,7

S. 176 »Es gibt viele Lesende, doch wenige Leser.« – Dmitri Mereschkowski, Auf dem Wege nach Emmaus. Essays. München, 1919. Ausgewählt und übertragen von Alexander Eliasberg, S. 254. – »…Aber er hat seine große Probe der Auswahl bestanden. Jetzt weiß er, dass ein Dichter wie Callimachos mit sechshundert Lesern in ganz Europa berühmter ist und auch bleiben wird als jener zeitgenössische, dessen Bücher eine Auflage von hunderttausend Exemplaren haben.« Valery Laurbaud, Vom Laster des Lesens. Aus dem Französischen Edith Weyl, in: Die neue Rundschau XXXIX Jg. 1928, S. 300

S. 176 »Stets neu ist die Erfahrung.« – Ferdinand von Eckstein, Geschichtliches über die Askesis der alten heidnischen und der alten jüdischen Welt als Einleitung einer Geschichte der Askesis des christlichen Mönchthums. Mit einem Vorwort v. Joh. Jos. Ign. von Döllinger, Freiburg i. Br., 1862, S. 4

S. 177 Martin Buber / Franz Rosenzweig: Die Schrift. 4 Bände. Heidelberg, 1929; Benno Jacob, Das erste Buch der Tora / Genesis. Übers. und erklärt. Berlin 1934; Oskar Goldberg, Die Wirklichkeit der Hebräer. Einleitung in das System des Pentateuch. Erster Band. Berlin 1925; Neuausgabe mit einem Geleitwort von Elazar Benyoëtz und einem Nachwort von Roland Goetschel, herausgegeben von Manfred Voigts. Wiesbaden, 2005

S. 178 »...aber das Dunkel der Urzeiten« – F. W. J. Schelling, Die Weltalter. Hg. mit Einleitung und Anmerkungen v. Ludwig Kuhlenbeck. Leipzig, [1913], S. 120

S. 178 »Das Volk Israel« – Ricarda Huch, Der Sinn der Heiligen Schrift. Leipzig, 1919, S. 22

S. 178 »Menschheit und Individuen sind die zwey ewig sich entgegengesetzten Pole.« – Franz Joseph Molitor, Ideen zu einer künftigen Dynamik der Geschichte. Frankfurt a.M., 1805, S. 168

S. 179 »Synonyme lehren uns« – »Er braucht für jeden Begriff zehn Ausdrücke. – Warum? Er traut keinem Wort.« Chajim Nachman Bialik über Nachum Sokolow, mitgeteilt von Kurt Blumenthal in seinem Buch: Erlebte Judenfrage. Ein vierteljahrhundert deutscher Zionismus. Stuttgart 1962, S. 81

S. 179 »Nicht die Priorität der Ideen steht hier in Frage« – Alfons Paquet, In Palästine. Jena, 1915, S. 104

S. 179 »Auge um Auge, das wissen alle« – Dmitri Mereschkowski, Kleine Gedanken, in: Ders., Auf dem Wege nach Emmaus. Essays. Ausgewählt und übertragen von Alexander Eliasberg. München 1919, S. 247. Vgl. Elazar Benyoëtz, Treffpunkt Scheideweg. München, 1990, S. 39 f.

S. 180 »Jüdische und christliche Theologie sind nicht, wie Renans Phrase geht« – Paulus Cassel, Ueber Renans Leben Jesu. Ein Bericht. Berlin: Verlag von H.R. Fahlisch 1864, S. 49 – Cassel, Selig [ab 1855] Paulus Stephanus

S. 181 »Es laufen zu viele Ursachen herum« – Constantin Brunner, zitiert nach: Lotte Brunner, Es gibt kein Ende. Hamburg, 1970, S. 356

S. 181 »In der Bibel ist die Rückkehr« – Eliphas Levi, Das Buch der Weisen. Wien. München–Planegg. Leipzig, 1928, 147

S. 181 »Allein wie schwer es überhaupt« – Martin Thilo, Der Kampf gegen das Alte Testament. Gütersloh, 1931, S. 13

S. 182 »Die Envidia (der Neid) ist die kainitische Sünde« – Miguel de Unamuno, Die Agonie des Christentums. Deutsch v. Otto Buek. München, 1928, S. 181

S. 182 »Neid gilt den Vorteilen, Eifersucht den Vorzügen.« – »Vorzüge sind oft die größte Schranke für die Laufbahn eines Menschen. Ich kenne Männer, die Päpste hätten werden können, wären sie nicht große Persönlichkeiten gewesen.« Christina von Schweden, Memories. Aphorismen. Deutsche Übersetzung und Nachwort von Anni Carlsson. München, 1967, S. 107

S. 185 »Es gibt keinen letzten Kuß« – Marguerite Duras, C'est tout / Das ist alles. As dem Französischen von Andrea Spingler. Frankfurt a.M., 1996, S. 29. – *Der vollendete Verrat*. Weiß der Verräter, was er tut? Ist Verrat ein kluges, weitsichtiges Unternehmen, ist der Verräter ein Narr? War Jesus klug, als er den Verrat an sich voraussagte, war es weise, dass er's an sich geschehen ließ, das Verderben seines Jüngers hinnahm? Eine Mahnung stand in der Luft:

»Einer von euch wird mich ausliefern – er, der mit mir isst.« (Markus 14, 17f.), doch mit der Mahnung das Unwiderrufliche: »Wahr ist's, ich sage euch.« Dem Judaskuss ging der Jüngerschlaf voraus, aus dem Tiefschlaf der Jünger stieg hoch in die Vernehmbarkeit das Asabtani-Schabaktani: Einer von Euch wird mich ausliefern, keiner von Euch wird mit mir wachen, und mein Gott, mein Gott wird mich verlassen

S. 185 »ganzes Leben wird nur gewonnen« – Gertrud Kantorowicz, Vom Wesen der griechischen Kunst, herausgegeben und mit einem Nachwort versehen von Michael Landmann, Heidelberg/Darmstadt, Lambert Schneider, 1961, S. 78

S. 186 »Man bringt seine Opfer dar« – vgl. Elazar Benyoëtz, Treffpunkt Scheideweg, München, 1990, S. 129. – »Danke für Ihre ›Identitäuschung‹! [...]. Werde gewiss auch (sollte ichs je getan haben) nie mal mehr! in dem zur Rede stehenden Sinn von ›Opfern‹ reden oder reden lassen, nicht einmal von den ›Opfern eines Mörders‹ – der die Gemordeten wohl sich selber darbringt (?)« (Albrecht Schöne an Elazar Benyoëtz, Göttingen, 4.März 1996)

S. 187 »Wie Ödipus Israel in Hellas« – Gerhard Nebel, Das Ereignis des Schönen, Stuttgart 1953, S. 128f.

S. 188 »Steh früh auf, Martha« – André Suarès, zitiert nach: Ernst Robert Curtius, Französischer Geist im 20. Jahrhundert, Bern, 1952, S. 169

S. 190 »Jetzt such ich wieder zwischen Tagen, Tieren« – Alfred Lichtenstein, Die fünf Marienlieder des Kuno Kohn. In: Gesammelte Gedichte, hg. von Klaus Kanzog. Zürich, 1962, S. 83

S. 193f. Sahadutha. Erstdruck in: Jahrbuch der Bibliographia Judaica 1/1985, hg .v. Norbert Altenhofer und Renate Heuer, Frankfurt a. M., 1986, S. 144f.

S. 195ff. »Das Land der Augen Gottes« – Geleitwort zu: Michael Krupp, Die Geschichte der Juden im Land Israel. Vom Ende des Zweiten Tempels bis zum Zionismus, Gütersloh, 1993, S. 7-9

S. 201 »Sarah, die Ehefrau Abrahams« – Johann Peter Hebel, Biblische Geschichten. Für die Jugend bearbeitet. Neue unveränderte Auflage in Stereotypen. Erstes Bändchen. Stuttgart und Tübingen, 1847, S. 37

S. 202 »Wenn die Finsternis« – Pater Hyazinth, zitiert nach: Miguel de Unamuno, Die Agonie des Christentums. Deutsch v. Otto Buek. München, 1928, S. 167

S. 202 Zum Credo – Dorothea von Chamisso an den Autor, Leverkusen, 3. Februar 1994: »Wir moderne Menschen können ja nicht mehr so schlicht beten, wie es unsere Großeltern und Urgroßeltern noch konnten (aber auch viele ihrer Zeitgenossen schon nicht mehr). »Mein Gebet war schon seine Gnade« das erlebe ich zutiefst. Beim richtigen Gebet habe ich das Gefühl zu fallen – zu fallen – zu fallen – und für den Bruchteil eines Wimpernschlages ist es dann: du fällst nicht, du fliegst – und dann wieder: fallen, fallen.«

S. 203 »Wer sich auf den Weg macht zu Gott« – Kosal Vanit an Lazarus Trost, Konstantinopel, 24. 3. 1899

S. 203 »Je weiter Ihr reist, desto weniger kommt Ihr ans Ende.« – Dschuang Dsï, Das wahre Buch vom südlichen Blütenland. Aus dem Chinesischen verdeutschet und erläutert von Richard Wilhelm. Jena, 1912, S. 149 f.

S. 205 »...alles setzt ein Vor und Nach voraus« – Ludwig Reck an Solger, 1. Febr. 1813

S. 212 »Eines Tages sagte Mewlana....« – Georg Rosen (Übersetzer), Mesnewi oder Doppelverse des Scheich Mewlana / Dschelal-ed-din Rumi. Aus dem Persischen. Leipzig, 1849, S. XIV

S. 214 »Ist eure Leinwand weiß« – Camille Corot, Briefe aus Italien. Mit einem Anhang: Briefe aus späterer Zeit und Aufzeichnungen über Kunst. Mit 12 Abb. Zusammengestellt und übertragen von Hans Graber. Leipzig, 1924, S. 92

S. 214 »Eli, Eli, lama asabtani? das ist verdolmetscht: Mein Gott, mein Gott, warum hast du mich verlassen?« – Markus 15,34

S. 216 »Ziel des Lebens ist die Frömmigkeit und nicht die Wissenschaft« – Alexis Carrel, Tagebücher eines Lebens. Aus dem Französischen Charlotte Tessmer-Hess, München, 1957, S. 165

S. 217 »Kohelet ist kein Ruhmredner vor dem Herrn.« – »Kohelet ist uns nah, weil er der Grenzen unseres Wissens inne ist. Doch vermochte er in der Situation seiner Zeit nicht zu ergreifen, wozu ihn die Tiefe des Geistes, die Leidenschaft des Herzens aufruft. Uns bewegt die Unbestechlichkeit seines Wahrheitswillens, der genug Tapferkeit besitzt, jegliche Illusion abzuweisen, und der doch demütig genug ist, dies unbegreifliche Dasein nicht aufrührerisch auf sich zu nehmen. Aber es reicht diese Demut nicht aus, um dies Sichstellen auf sich selbst in eine gläubige Hingabe zu verwandeln an das, was sich dem Wissen entzieht. Dass wir nicht wissen können, dies will auch Kohelet das Herz verbrennen. In dieser faustischen Haltung bleibt er stehen. Der eigentliche Glaube muss sich ihm versagen. Erst der Verzicht auf seinen Versuch, zu resignieren, wäre das Opfer, das er der Wirklichkeit des Glaubens schuldet. Ein großer Mensch in der Aufgewühltheit seiner Innerlichkeit, und doch gebändigt im Geist, hat dies Buch geschrieben. Er lebt in der unaufhebbaren Spannung zwischen seinem unverschleierten Blick auf das sich widersprechende Dasein und der Gewissheit des Todes, der ihm keine Hoffnung lässt. Und doch erhebt sich seine Seele noch zu einem Künden aus Indirekteheit, welches das Rätsel von Dasein und Tod als Unaufgelöstes in die Leidenschaft der Innerlichkeit hineinnimmt. Nur die Form dieses Sprechens, nicht sein Wesen scheint auf das Nichts zu zeigen. Der Untergrund bleibt ein Warten und die Qual dieses Wartens.« Ernst Mayer, Kritik des Nihilismus. München, 1958, S. 259 f.

S. 220 »Wer, auf einem weißen Elefanten sitzend« – Julius von Negelein, Der Traumschlüssel des Jagaddeve. Ein Beitrag zur indischen Mantik. Giessen, 1912, S. 11

S. 220 »Ein Leben ohne Eckstein, Ohne Wende« – Margarete Susman, Das Gedicht. In: MS, Aus sich wandelnde Zeit. Gedichte. Zürich / Stuttgart, 1953, S. 54

S. 221 »Nase und Riecher« – ›Ruach‹ – ›Räach‹: Das Subtilste im Reich der Sinne, Geruchsinn und Duft: ›lehariach‹ und riechen. Nirgends kommen sich Hebräisch und Deutsch näher als im Sinn des Sinnlichen. Im Ruach weichen Hebräisch und Deutsch einander aus: Ruach und Geist sind nicht in Einklang zu bringen; Ruach ist offen und wehend, Geist trägt sein Ende in sich, ein Pfahl im Fleisch. Vom Feuer verzehrt, steigt das Opfer über den Geruchsinn hinauf: Räach geht in Ruach über. – Auch der Messias – allerwegs das Opfer seiner Verkünder – wird einer Geruchsprobe unterzogen, denn so wurde Jesaja's Wort (11,3) »waharicho bejirat haschem« verstanden: er werde riechen und richten (vgl. Sanhedrin 93b). Es gibt Belege dafür, daß falsche Erlöser tatsächlich einer Geruchsprobe unterzogen wurden. – Dies soll erklären, warum ich in meiner Geschichte den Riecher der zarten Nase vorgezogen habe

S. 222 »Jeder große Mann weckt in seiner Umgebung die Poesie« – Paul de Lagarde, Schriften für Deutschland. Herausgegeben von August Messer. Stuttgart, 1933, S. 119

S. 222 »Die Stimme spricht und schafft das zwischen beiden trennende ›Damaskus‹.« – Dreimal wird die Bekehrung des Paulus, sein ›Damaskus‹, in der Apostelgeschichte berichtet, immer mit kleinen Abweichungen das Licht und die Sicht betreffend. Bei der letzten Wiederholung geht es über diese Nuancen hinaus, im Versuch, die Glaubwürdigkeit seiner Offenbarung hörsichtig vor dem König der Juden, Agrippa, zu begründen: »Damals reiste ich mit Vollmacht und Empfehlung der Hohepriester nach Damaskus. Und da sah ich, o König, mitten am Tag des Wegs dahin, vom Himmel her ein mich und meine Mitreisenden umstrahlendes Licht – heller als die Helle der Sonne. Alle stürzten wir zur Erde nieder, und ich hörte eine Stimme in hebräischer Sprache zu mir sagen: Saul! Saul! Warum jagst du hinter mir her?« (Apg 26,13-14). In hebräischer Sprache: der Hofsprache des Himmels – wie Gott

S. 224 »Uns aber hat Gott es enthüllt durch den Geist.« – 1. Korinther 2,10, übersetzt von Fridolin Stier

S. 224 »Zu dem Glauben, dass meine Gedanken« – Ferdinand Ebner, Schriften II: Notizen, Tagebücher, Lebenserinnerungen. Hg. v. Franz Seyr. München, 1963, S. 816

S. 224 »Der Geist ergründet ja alles – auch die Tiefen Gottes« – 1 Korinther 2, 11, übersetzt von Fridolin Stier

S. 225 »Wann, habe ich gefragt« – Friedrich Theodor Vischer, Kritische Gänge. Hg v Robert Vischer. Zweite verm. Auflage. München, o.J. 1. Bd., S. 284

S. 225 »das Ja die große Leistung« - »Der Gottgesegnete hat gesagt: Allah spricht: ›Die sich mir nähern, kommen nicht zu mir mit der bloßen Leistung dessen, was ich ihnen vorgeschrieben habe, sondern der Mensch kommt so lange mit freiwilligen Leistungen zu mir, bis ich ihn lieb gewinne; und wenn ich ihn lieb gewonnen habe, so bin ich sein Ohr, mit dem er hört, sein Auge, mit dem er sieht, seine Zunge, mit der er spricht, die Hand, mit der er anfasst, der Fuß, mit dem er geht‹.« Al-Ghazali, Anfang der Leitung. In: Die Religion des Islam I. Von Mohammed bis Ghazali. Übersetzt und eingeleitet von Joseph Hell. Jena 1915, S. 80

S. 226 »Werd ein Kind, werd arm und kleine« – in: Achim von Arnim und Clemens Brentano (Hg.), Des Knaben Wunderhorn. Alte deutsche Lieder 1. Teil, München, 1963 (dtv), S. 195

S. 227 »Gott besteht ohne Glauben« – Kosal Vanit an Lazarus Trost, Meran, den 16. Juni 1909

S. 228 »Wir begehrten einmal, diese andächtige, liebe Schwester« – Elisabeth von Beckenhofen. Aus der Chronik des Klosters Ötenbach in Zürich. Zitiert nach: Walter Muschg (Hg.), Mystische Texte aus dem MA. Basel, 1943, S. 80 f.

S. 229 »Alles, was diesseits der Sonne ist.« – Jaiminiya-Brahmana 1,11, zitiert nach: K.F. Geldner, Vedismus und Brahmanismus, Tübingen, 1928, S. 76

S. 230 »Ich spreche von der Zeit, die aus der Erde quillt.« – Marguerite Duras, C'est tout / Das ist alles. Aus dem Französischen von Andrea Spingler. Frankfurt a.M., 1996, S. 15; ebenda S. 24: »Eitelkeit der Eitelkeiten. Alles ist eitel und Haschen nach Wind. Diese beiden Sätze ergeben die ganze Literatur der Erde. Eitelkeit der Eitelkeiten, ja. Diese beiden Sätze allein öffnen die Welt: Die Dinge, die Winde, die Schreie der Kinder«.

S. 230 »Rebe und Rabe« – Wein und Tod – gehören zur Grundmelodie des Buchs Kohelet

S. 233 »vom Tage an, da der Tempel zerstört wurde…« – »Aber zu der Zeit, nach dieser Trübsal, werden Sonne und Mond ihren Schein verlieren und die Sterne werden vom Himmel fallen« (Markus 13,24)

S. 235 »Wir leben mit einem Vertrauen« – Oscar Wilde, in: Laurence Housman, Gespräche mit OW, Ein Zusammentreffen in Paris. Deutsch v. Hermann George Scheffauer, in: Neue Deutsche Rundschau 1925, S. 293

S. 236 »Wie soll der Mensch sich zu Gott in Beziehung bringen« – D.H. Lawrence, Religiös sein. Aus dem Englischen von Philipp Lehrs, in: Insel-Almanach auf das Jahr 1925, Leipzig, S. 20 f.

S. 238 »Der Blick verändert, was nicht für das Auge bestimmt ist« – Gregor M. Lepka, Betrachtung; in: Ders., Mit Gedanken befasst. Gedichte. Linz, 2005, S. 62

S. 241 »Andere schrieben ihm aus der Seele, was ihm nicht aus der Feder wollte.« – Fritz Ernst, Essais. Bd. I., Zürich, 1946, S. 235 (über D.F. Koreff)

S. 241 Paul Valéry an Henri de Regniér [1902], vgl.: Paul Valéry, Briefe. Übertragen von Wolfgang A. Peters. Wiesbaden, 1954, S. 45

Inhalt